対人関係の
発達心理学

子どもたちの世界に近づく、とらえる

川上清文・髙井清子 編
岸本 健・宮津寿美香・川上文人・
中山博子・久保田桂子 著

新曜社

まえがき

　藤永保先生に「川上さん，後をよろしく」と言われたのは2015年6月のことだった。藤永先生は，日本の発達心理学のパイオニアのひとりである。それは，藤永先生のご依頼で保育者の方々に講習をする会場で，藤永先生の講義の後，私が引き続き話をするときであった。もちろん藤永先生は，その講習について言われたのだが，私が先生にお会いしたのはそれが最後になったので，私には「日本の発達心理学をよろしく」と言われたように思われてならない。天国におられるであろう藤永先生に，あの笑顔で「それは頼んでいない」と言われるだろうけれど。

　1989年12月に日本発達心理学会の発足会議が催された。そのとき，当時若手だった研究者のひとりが「これまでの日本の発達研究には，ほとんど意味あるものがなかった」というような挑発的な発言をして，会場をざわつかせた。30年経過してどうだろう。英文雑誌に日本の研究者の論文が掲載されることも稀ではなくなった，という程度ではないか。そもそも，世界の発達心理学の発展に寄与しようという意気込みのある研究者はどれほどいるのだろうか。

　さて，同僚の岸本健さんに「若い人たちと，教科書ではない，いい本を出したい」と相談したのは2年ほど前になる。いくつかアイディアを出し合う中で，岸本さんが次のようなことを言い出した。髙井清子と私はこれまでいくつか異なるテーマの研究をしてきた，若手がそれぞれのテーマについて自分自身の研究と関連させ，それをどう展開していくか述べるのはどうか，というのである。おもしろくなりそうな気がした。

　本書の構成としては，私たちの研究テーマを最近から過去へ遡るということにした。第1章では「乳幼児の利他性と教示行動」を，第2章は「ハンドテイキング（クレーン）行動の発達」，第3章は「微笑の発達」，第4章は「乳児のストレス研究」，そして第5章では「母子関係」を取り上げるという流れである。各章の序節は川上か髙井が書くことにした。第1章では岸本さんが「進

化」に言及し，第3章でも川上文人がそれに触れている。第2章の中身としては，宮津寿美香さんの研究主題である「指さし」が中心になり，同様に第4章では中山博子さんが「乳児の泣き」を分析し，第5章では久保田桂子さんが「青年期の娘とその母親の関係」を考察することになる。当然のことながら，どの章も先人の研究の積み重ねがあって，それを「つないでいく」ことが研究というものだ，ということを明らかにしている。この本から，そのことを感じ取っていただきたい。

私たちは子どもたちと常に接してきた。すると子どもたちが研究すべきテーマに気づかせてくれるのである。ところで私たちの研究は，どれほど意味があったのであろうか。グーグル・スカラーで検索してみると，ストレス研究と微笑研究はある程度，世界に貢献したようである。私としては，ハンドテイキングと利他性や教示行動も，もう少し評価されていいと思うのだが。

本書はハンドブックの類ではないが，それぞれのテーマについて研究の展望がなされていて，研究者や大学院生などの参考になるはずである。また，心理学を学ぶ学生にとっても研究の醍醐味を知るまたとない一冊になっている。本書の執筆者たちが，今後自分たちの研究を本書に記述したように展開していくのか，またはそれ以上に発展させるのか，「乞うご期待」！

2019.7.22

川上清文

対人関係の発達心理学◎目次

まえがき　i

第1章　子どもは協働する——利他性と教示行動の発達と進化　1

序　節　「子どもたちの世界」に近づくために　1
　　　　＊
第1節　なぜ乳幼児はこんなに親切なのか？　4
　　1　乳幼児による利他性と教示行為に関する近年の研究動向　5
　　2　協働を可能とするさまざまな行動の進化　12
　　3　近年の研究動向における川上の研究（Kawakami, 2014）の位置づけ
　　　　——丁寧に事例を拾う重要性　15
第2節　ヒト以外の霊長類は協働的ではないのか？　18
第3節　バランスのとれたヒト理解，チンパンジー理解
　　　　——まとめに替えて　21

第2章　指さし行動の発達　27

序　節　「見過ごされてきた事象」に光を当てる　27
　　　　＊
第1節　はじめに　30
　　1　思い込みからの脱却　30
　　2　指さし行動の機能　32
第2節　前言語期の子ども同士の指さし行動　33
第3節　「一人指さし行動」の役割　36
第4節　「目さし」の発達的意味　39
第5節　一連の研究を通しての課題と展望　43
　　1　目さし：子どもの視線に反応する他者の役割　43
　　2　指さし行動：その発達的変化と機能について　44

3　ハンドテイキング行動について　46
　　第6節　これから研究をするうえで　47

第3章　笑顔の発達と進化　51

　　序　節　微笑研究のはじまり　51
　　　　　　　　　　＊
　　第1節　はじめに　54
　　　　1　川上ほか（Kawakami et al., 2006）について　54
　　　　2　その後の研究　56
　　第2節　ヒトの笑顔の初期発達　56
　　　　1　ヒトは胎内でも笑う　56
　　　　2　ヒトは1歳を過ぎても寝ながら笑う　58
　　　　3　ヒトの社会的微笑の発達　60
　　　　4　ヒトの笑顔の種類にかんする研究　61
　　　　5　ヒトの笑顔は2歳ごろから多様に　62
　　　　6　日本人の子どもは成功しても失敗しても同じように笑う　65
　　　　7　ヒトにおける笑顔の発達から進化へ　68
　　第3節　チンパンジーはどのように笑うのか　69
　　　　1　チンパンジーの生活　69
　　　　2　チンパンジーの笑顔の初期発達はヒトと同じ　70
　　　　3　チンパンジーは笑う場面が限られている　72
　　　　4　チンパンジーは他者と笑い合うのか　73
　　　　5　ニホンザルも寝ながら笑う　75
　　　　6　ヒトほど笑う動物はいない　77
　　第4節　おわりに──笑顔の進化と発達研究の未来　77

第4章　乳児期における泣きの発達　83

　　序　節　赤ちゃんのストレスをいかに測るか？　83

　　　　　　　　　　＊
　　第1節　はじめに　86
　　第2節　乳児の泣きをどのようにとらえるか　88
　　第3節　乳児期における泣きの縦断的事例観察　90
　　　　1　乳児期初期（生後0カ月〜生後6カ月）　90
　　　　2　乳児期後期（本章では生後7カ月〜生後14カ月）　93
　　第4節　乳児の泣きに対する聞き手（聴き手）の受けとめ方　96
　　第5節　乳児の泣きに関する発達研究の可能性　100

第5章　母子関係はどのように変わっていくのか？　　　109
　　　　——青年期の娘とその母親の「観察」からみえたこと

　　序　節　文化が母子関係に及ぼす影響とは？　109
　　　　　　　　　　＊
　　第1節　はじめに　112
　　第2節　青年期の課題からみえてくる青年期の親子関係の変化　113
　　第3節　青年期の親子関係の変化をどうとらえるか　114
　　第4節　青年期を迎えた子どもとその母親との関係
　　　　　　——娘と母親の結びつきの強さ　117
　　第5節　青年期の親子関係を理解するための方法　119
　　第6節　青年期の親子関係をどのようにとらえていくべきか　122
　　　　1　母親への視点の重要性　122
　　　　2　観察法を用いた研究の重要性　124

おわりに　129
索引　131

　　　　　　　　　　　　　　　　　　　　　装幀＝新曜社デザイン室

第1章
子どもは協働する
―― 利他性と教示行動の発達と進化

岸本　健

序　節　「子どもたちの世界」に近づくために（川上清文）

　乳幼児期の研究をすすめるうえで，子どもたちとどこで，どのように出会うか，というのは悩ましい問題である。筆者（川上清文）たちは，第3章で取り上げる微笑研究を進める中で，ある保育園の協力を得た。乳児の自発的微笑がどのくらい継続するかを実証するための研究で，その結果は論文にまとめた（Kawakami et al., 2009）。その研究自体が私たちにとって重要なものであったことはもちろんだが，その保育園の園長と主任，との出会いがさらに重要であった。ふたりの保育活動は見事なもので，この保育園に通ううちに，その根底には，すばらしい保育観・子ども観があることがわかってきた。豊かな体験と知識に基づいたふたりの存在のもと，子どもたちも保育者たちものびのびと自由な時間を過ごしていた。さらに保護者たちもかれらを信頼して，ときどき育児についての相談をもちかけていた。私たちは，このふたりによって保育の世界へ誘われたのである。

　私たち（髙井，川上文人，筆者）は数カ月間，毎週1回保育園に通わせてもらった。研究を一段落させて，挨拶に行ったときのことである。会話の中で，その日がちょうど髙井の誕生日だと知った子どもたちが，自然に歌をプレゼントしてくれると言い出した。そして次から次へ，いろいろな歌を一生懸命に披露してくれたのである。それらはいまだに私たちの記憶に鮮明に残る何にも替えがたいプレゼントであった。そのふたりの紹介で，同様にすばらしい保育者

たちにつながり，筆者らは現在も保育園に通い続けている。

　さて，現代を代表する発達心理学者トマセロの近著（Tomasello, 2019）を取り上げてみたい。さすがトマセロは，それほど単純に言い切ってはいないのだが，子どもたちの対人行動が3歳前と3歳以降では質が異なると繰り返し主張している。それはたとえば「乳幼児の仲間とのやりとりは，うすっぺらく，たびたび『平行遊び』といわれる。しかし3歳以降になると子どもたちは仲間と協調して交流し始める……（p.31）」というような記述に表れている。筆者はここで，「何歳から」という発達心理学でよく議論される点に入り込むつもりはない。ただトマセロの主張と以下に述べる筆者の結論が異なる理由を考えてみたいのである。

　私たちは保育園で，乳幼児の観察を続けている（Kawakami, 2014；Kawakami & Takai-Kawakami, 2015, 2017）。ここで乳幼児というのは3歳以下の子どもたちを意味する。自由遊び場面で，子どもたちの観察者に対する行動，子どもたち同士の行動，子どもたちの保育者に対する行動を縦断的に記録した（日本語による要約は，川上（2018）参照）。結果をここに詳述することはしないが，乳幼児が他者に「教える」行動や「利他的」行動がたくさん記録された。トマセロが考えるよりも乳幼児はさまざまなことを理解しているはずだと筆者は考える。ではなぜこのような子ども観の違いが生まれるのであろうか。

　以前に書いたことなのだが，発達心理学の開拓者のひとりケイガン（Kagan, 2013）の説明は明解である（川上，2018）。利他的行動の研究は，ほとんど実験的手法で行われている。本章の本文に詳しい説明があるが，子どもたちは初めて入る実験室で，初めて会った大人の実験者が両手に物を持っていて，外に出たいのだがドアが開けられないのを見てどうするか，というような場面に遭遇する。これで子どもたちの能力が理解できるだろうか。

　トマセロ（2019）は実験的研究を重視していると考えられる（もちろん観察を無視しているわけではない。たとえば前掲書313頁を参照）。実験的研究の子どもたちにとっての意味と，限界を吟味する必要があろう。

　筆者らは，乳幼児が「見えない物」をどう理解しているか簡単に研究する方法を呈示した（Kawakami et al., 2018）。子どもたちの前に「どうぞ」と言って両手をつけて差し出すというものである。子どもたちは，「無視・拒否」「物を

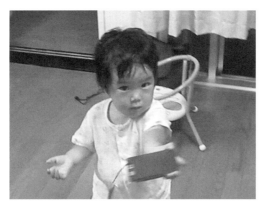

乳幼児はなぜ「利他的」に行動するのか？

渡す」「自分の手を乗せる」「実験者の手の上でなにか作る」「『ない』などの言語反応をする」の5種類の反応をすることがわかった。それぞれを過程1から過程5と呼ぶと，月齢とともに過程が上がっていくことも確かめられた。乳幼児は「見えない物」を使って考えている。すなわち実験的研究も，やり方によって，子どもたちの世界に近づけるはずなのである。

引用文献

Kagan, J. (2013).*The human spark*. New York: Basic Books.
Kawakami, F., Kawakami, K., Tomonaga, M., & Takai-Kawakami, K. (2009). Can we observe spontaneous smiles in 1-year-olds? *Infant Behavior and Development*, **32**, 416-421.
Kawakami, K. (2014). The early sociability of toddlers: The origins of teaching. *Infant Behavior and Development*, **37**, 174-177.
川上清文．(2018). 子どもたちは人が好き：幼児期の対人行動．東京：東京大学出版会．
Kawakami, K., & Takai-Kawakami, K. (2015). Teaching, caring, and altruistic behaviors in toddlers. *Infant Behavior and Development*, **41**, 108-112.
Kawakami, K., & Takai-Kawakami, K. (2017). Toddlers perceive preschool teachers not only as caregivers but also as life partners. *Journal of Human Environmental Studies*, **15**, 31-34.
Kawakami, K., Takai-Kawakami, K., & Kawakami, F. (2018). New, simple method of examining toddlers' abilities to use absent objects. *Journal of Human Environmental Studies*, **16**, 89-92.
Tomasello, M. (2019). *Becoming human: A theory of ontogeny*. Cambridge, MA: The Belknap Press of Harvard University Press.

第1節　なぜ乳幼児はこんなに親切なのか？

　フィールドワーク初日，保育園の1歳齢クラスに入ってみると，まず乳幼児たちは，なんとも言えない緊張した面持ちでこちらを見つめる。そのうちの1人と目が合い，数秒の対峙のあと，その子へ近づこうとしたその刹那，その1歳齢児は号泣，保育士さんの懐へ飛び込む……。保育園の乳幼児クラスへフィールドワークに訪れた方の中には，このような経験をされた方もおられるのではないだろうか。かくいう私も，修士課程で乳幼児の研究を志し，保育園を初めて訪れた日は，1歳齢児に泣かれ，何とも気まずい空気が流れたことを覚えている。

　興味深いことに，その乳幼児たちと日を置かずに会いに行き，精一杯遊ぶうちに，彼ら／彼女らとの相互交渉は驚くほどスムーズになる。おそらく，遊ぶ中で乳幼児とフィールドワーカー，双方の緊張が氷解していくためだろう。逆に言えば，1歳齢児と大人とのスムーズな相互交渉は，緊張感や警戒心のあるもとではうまく展開しないようだ。玩具をかいがいしく運び，私の前で持ち上げる。こちらが「ちょうだい」と手のひらを上にした状態で差し出すと，丁寧にその手のひらへ玩具を置いてくれる。これを経験した乳幼児は，同じことを何度も何度も繰り返してくれる。ちょうど川上の研究（Kawakami, 2014）に活き活きと描かれる，乳幼児の豊かな利他行動，そして教示行為は，1歳齢児と大人との緊張感の低減と関連して生じるように思われる。

　利他性，そして教示行為は，近年，発達心理学のみならず，動物心理学や進化心理学を巻き込み展開するホットトピックである。その理由の一つは，利他性や教示行為が，その行為者の高い社会的知性の発露の一端であるからであると思われる。この章では，まず，近年刊行された乳幼児の利他性および教示行為に関する研究動向を簡単に紹介し，その動向の中で川上の研究（Kawakami, 2014）がどのように位置づけられるかを吟味したい。そのあと，乳幼児が利他性をはじめとする社会的知性を存分に発揮する条件について，近年呈示された仮説を紹介したいと思う。

1　乳幼児による利他性と教示行為に関する近年の研究動向

　世界は何度となく天災を経験し，その都度，人々は復興を目指し立ち上がってきた。人々は復興という共通の目的のもと協力する。1人では太刀打ちのできないような途方もない量のタスクであっても，何人もの人が協働することで，そのタスクをクリアし，復興のゴールへと近づけていく。人々が協働し，困難に打ち克っていく姿は，見る者の心を熱くするとともに，そこに人間の強さを見るのである。逆に言えば，ヒトは協働せねば，厳しい地球環境を生き抜いてこれなかった弱い存在であったともいえよう。

　「協働する」とは，他者と力を合わせて，共有された目的を達成することである（古畑・板倉，2016）。相手と協働するためには，どのようなことができねばならないのだろうか。まず重要なこととして，相手の達成しようとしている目的が何かを理解し，それを自分自身も共有できねばならない。また，相手が何らかの理由でこの目的を達成できないのであれば，その相手に代わって，相手のために（すなわち利他的に），その目的を達成せねばならないこともあるだろう。加えて，「自分は知っているが相手は知らない」といった事柄があると，その相手と協力するうえでは不利に働くかもしれない。たとえば相手と協力するときに，自分の知っている効率の良い方法を相手が知らなければ，協働がうまくいかない。したがって，相手に「教える」ということも，協働のうえでは必要だろう。

　こういった「協働する能力」が，はたしてヒトに生得的なものであるのかどうか。ヒトが自身の利己性を抑え，相手と目的を同一にし，その目的を達成するために自分の行動を調整することを，ヒトは教育されてできるようになるのか，それともある程度，そういった能力を備えて生まれてくるのか，さらにこの能力は，ヒトだけに備わったものであるのか。ヒトの本質について研究する数多の分野の研究者にとって，この問題は重大な関心事であった（たとえば，Tomasello, 2009）。この問いに答える方法はいくつかあるだろうが，王道の方法は次の2つだろう。それらとはすなわち，(1)「まだ教育を経験していない乳幼児に，協働の能力が備わっているのか明らかにする」，(2)「ヒトにはできるが，ヒトにもっとも近縁の種であるチンパンジーにはできないことを明らかにする」である。

「目的を達成できない相手に成り代わり，その目的を達成する」「目的を共有し，その目的に向かって力を合わせて行動する」ということに関する上述の（1）と（2）の2つの問題をエレガントに解決したのはフェリックス・ワーネケン（Felix Warneken）であった。彼は，1歳台の乳幼児とチンパンジーを対象に，彼らが困難状態にある他者を自発的に助けるのか，また，共通の目的に向かって協働することができるかどうかを研究した（Warneken et al., 2006；Warneken & Tomasello, 2006）。

ワーネケンとトマセロによる研究（Warneken & Tomasello, 2006）では，1歳半の乳幼児，ならびに子どものチンパンジーが，いくつかの困った状況に直面している人間の大人の実験者を前にした際に，どのような行動をとるのかが観察された。困った状況とは，たとえば，実験者の持っていた対象物が，不意に実験者の手の届かないところに落ちてしまい，それに向けて実験者が手を伸ばしている場面や，実験者が閉じている扉を開けようとしているものの，手が玩具などでふさがってしまっており，扉を開けられずにいる，といった場面である[1]。観察の結果，1歳半の乳幼児は，ほとんどの場面において，困難状況にある実験者に対し，その実験者を助けるうえでふさわしいと考えられる行動をとった。たとえば，実験者が自身の手の届かない対象物へ手を伸ばしている場合には，実験者に代わってその対象物を拾い，その実験者に手渡し，また実験者が扉を開けられずにいる場合には，その実験者に代わって扉を開けたのであった。一方，チンパンジーもいくつか，困難状況の実験者を助けるような行動をとる場合もあったが，全体として，ヒト乳幼児と比較して，このような行動をとる場面は少なかった。

この実験には2点，興味深い点がある。まず1点目として，実験者が「助けて」と明示的に助力を求めなくとも，1歳半の乳幼児は進んで実験者に必要と考えられる行動をとったことである。もう一つの興味深い点は，「困難場面と似ているが，実際には実験者が困っているとは考えられない」，これらの困難場面と比較のために設けられた統制場面では，実験者を助けるようなふるまいをみせなかったことである。たとえば，扉を開けられない場面の場合，その統

---

[1] これらの実験場面における乳幼児の行動は動画で見ることができる。詳しくは Warneken & Tomasello (2006) の Support Online Material を参照のこと。

制場面では,実験者が手に持っているものを,扉の付近に置く。したがって手はふさがっていないにもかかわらず,実験者が扉を開けられずにいる,という場面であった。このような場面において,乳幼児は実験者の代わりに扉を開けるという行動をとらなかった。この結果は,実験者の達成しようとしている目的(この場面であれば,扉を開けること)と,それを阻むもの(扉を開けるための手がふさがっている)の両者を適切に理解したうえで,乳幼児が実験者の代わりにその目的を達成していることを示している。これらの点は,1歳半の乳幼児が,周囲による促しの結果ではなく自発的に,そして,「なぜ相手が目的達成できないのか」を適切に判断したうえで,これらの行動をとっていたことを示唆している[2]。一方,これらの場面において,若いチンパンジーには実験者に代わって実験者の目的を達成するという行動がみられなかった。

　困難な状況にいる他者に代わり,その他者の目的を達成する行動がヒト乳幼児にみられたことは,困難な状況にいる相手の目的を代わりに達成するという行動が,教育の結果獲得されるものではなく,ヒトにとって生得的なものであることを示している。乳幼児が相手に代わり,相手の目的を達成することを示したこの研究の最も重要な意義の一つは,乳幼児が利他的にふるまえることを示した点である。この実験の課題,たとえば扉を開ける,という課題において,乳幼児は扉を開けたわけだが,「扉を開いた状態にする」というのは,相手の望んだ状態であって,必ずしも乳幼児の望んだ状態ではない。困難状態にある実験者がいなければ,乳幼児はその閉じた扉に興味すらもたなかったであろう。つまり,相手の目的を達成したところで,自分には何の得にもならなかったはずである。それにもかかわらず,乳幼児が相手の代わりに相手の目的(ここでは,扉を開けること)を達成しようとするのは,相手の利益のためにほかならない。ともすれば自分の欲求のためだけに行動しているとみられがちである乳幼児の見方を,この研究は180度転換した。加えて,これがチンパンジーにはみられなかったことは,この行動がヒトのみに備わったものである可能性を示唆する。

---

[2] 興味深いことに,こういった乳幼児の行動に対して,その見返りとしてシールなどを与えると,与えない場合と比較して,その後に同様の行動をとることが減ることが知られている(Warneken & Tomasello, 2008)。

ワーネケンほかの研究（Warneken et al., 2006）では、1歳半から2歳の乳幼児と若いチンパンジーを対象に、人間の大人の実験者と一緒に、特定の目的に向けて行動できるかどうかが検討された。すなわち、独力では目的を達成できない課題を前にして、乳幼児やチンパンジーたちが実験者と一緒にその課題に取り組み、目的を達成することができるかどうかが調べられた。たとえば報酬（乳幼児の場合だと玩具、チンパンジーの場合だと餌）が封入され、両端に持ち手のついた筒が用いられた課題では、その報酬を取り出すために、一方を実験者が、もう一方は研究対象である乳幼児やチンパンジーが引っ張らねばならない。どちらか一方が引っ張るだけでは、報酬を取り出すことができないわけである。さらに、課題中、実験者は不意に、持ち手を引っ張るのをやめてしまう。このとき、研究対象の乳幼児やチンパンジーがどのようにふるまうかが検討された。

実験の結果、ヒト乳幼児は、実験者とともに目的を達成するようふるまうことができ、さらに、実験者が目的達成のための行動をやめてしまったあと、その行動を再開するよう促す行動がみられた。一方、チンパンジーの場合には、実験者とともに目的を達成するための行動をとることがヒト乳幼児と比較して少なく、さらに実験者が目的達成のための行動をやめてしまったのち、その行動の再開を促す行動をとることはなかった。

ヒト乳幼児において、目的達成のために相手と協働することが観察されたこの結果は、ヒトが生得的にこの能力を有していることを示唆している。先述のワーネケンとトマセロの研究（Warneken & Tomasello, 2006）では、相手の利益のためにふるまえる利他性をヒトが乳幼児期においてすでに有していることを示していたが、ここで紹介したワーネケンほかの研究（Warneken et al., 2006）では、相手とともに協力して利益を得るという「相利性」を、ヒトが乳幼児期にすでに有していることを示している。さらに、チンパンジーにおいてこの行動がみられなかったことは、相利性に基づく他者との協働がヒト特有である可能性を示唆している[3]。

教示行為、すなわち「相手に教える」、ということはどうだろうか。相手に

---

[3] この研究以降、相利性に基づく協働がヒト以外の動物には不可能なのかどうか、数多くの動物を対象に研究がなされてきた。そして近年では、条件が整いさえすれば、チンパンジー（Suchak et al., 2018）、オオカミ（Marshall-Pescini et al., 2017）、ゾウ（Plotnik et al., 2011）などでも可能であることが示されつつある。

複雑なことを教えなければいけない場合，我々は言葉を用いることが多い。しかし単純に，自分は知っているが相手の知らない事柄を伝えるのであれば，必ずしも言葉は必要ない。たとえば，見ず知らずの相手が路上で落とした財布を探しているとする。そのとき，あなたがその財布を，その相手よりも早く見つ

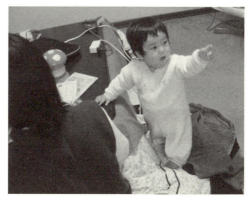

指さしの先には何がある？

けた場合，その相手に対して財布を指さしてみせれば，その相手は財布を見つけることができるだろう。このように指さしは，対象物の在り処や，相手の進むべき方向を指し示す情報伝達の強力なツールとなる。

　言葉を用いない指さしによる教示行為であれば，人間の大人だけでなく，乳幼児やチンパンジーであっても可能かもしれない。はたして，乳幼児は，相手の知らない情報を提供するために指さしをするだろうか？　チンパンジーはどうか？　そして，乳幼児とチンパンジーの両方が，情報提供の指さしを産出する場合，両者は質的に異なるのであろうか？

　ブリンガーほか（Bullinger et al., 2011）はヒト幼児[4]とチンパンジーに同様の課題を行い，この問題を検討した。この実験では2人の実験者（実験者Aと実験者B）が登場した。実験対象（チンパンジーと25カ月齢児）はまず，実験者Aと箱を隔てて対面した。箱の中には，実験対象の欲しがる対象物（チンパンジーが対象の場合は餌，25カ月齢児が対象の場合はおもちゃのサイコロ）が入っており，実験者の側にある道具を実験者が操作することによって取り出すことができた。実験が開始されると，実験者Aは対象物を取り出すための道具を隠

---

［4］Bullinger et al.（2011）の研究対象となった幼児の月齢は25カ月齢であった。指さしの開始が12カ月齢前後（Butterworth, 2003）であることを考えると，指さしを獲得するとすぐに，乳幼児が指さしによって情報提供することができるかどうかについては，Bullinger et al.（2011）で示された結果からは決して明確ではない。ただ，生後2年目（1歳台）に産出される指さしの中に，利他的な情報提供の指さしが含まれていることは実験的に確認されている（たとえば，Liszkowski et al., 2006；Meng & Hashiya, 2014）。

した。このとき，実験者 B は実験室にはおらず，隠し場所を見ていない。そして，実験者 B の入室とともに実験者 A は退室した。この実験は 2 つの条件から成っていた。利己的条件（selfish for-me condition）では，道具によって取られた対象物が必ず実験対象のものとなり，利他的条件（helpful for-you condition）では対象物は必ず実験者のものとなった。これらの 2 つの条件において，実験者 B の入室後の実験対象の行動が観察された。実験の結果，ヒト幼児は利己的条件と利他的条件の両方の条件で約80％の割合で隠された道具の方向を指さした。一方，チンパンジーは利己的条件においてヒト幼児と同程度の割合で指さしを行ったが，利他的条件において指さしを行った割合は約10％程度であった。すなわち，ヒト幼児が自分に対象物が得られず利益とならない場合でも，自分にとって利益となる場合と同様に指さしを行う一方，チンパンジーは自分の利益とならない場合と比較して自分の利益となる場合により顕著に指さしを行うことを示している。この結果は，ヒト幼児の指さしによる情報提供が利他的な動機づけに基づいている一方，チンパンジーの指さしによる情報提供が利己的な動機づけによって行われている可能性を示唆している。

　乳幼児はなぜ，相手に利するよう，指さしをするのだろうか。そのヒントは，乳幼児が多くの他者と暮らす中で，その他者どうしがどのようなふるまいをしているかを観察する瞬間に垣間見える。孟ほか（Meng et al., 2017）は，2人の大人の女性の出演する動画を 9 カ月齢，1 歳齢，1 歳半の乳幼児に見てもらい，その乳幼児の視線の動きをアイトラッカーで計測した。動画には 2 種類あり，一方の動画では，2 人の女性はお互いを見合った後，両者とも，2 人の間に置かれたコップへ視線を向けた。他方の動画では，2 人の女性がお互いを見合うところまでは先ほどの動画と同じであったが，その後，2 人の女性のうちの 1 人がコップへ視線を向けている間，もう 1 人の女性は別の方向へ視線を向けていた。

　乳幼児の視線の計測の結果，どちらの女性もコップへ視線を向ける動画では，2 人の女性それぞれに対して視線を向ける時間は違いがなかった。一方，2 人のうちの片方の女性がコップの方向へ視線を向けていない動画では，1 歳半の乳幼児において，コップの方向へ視線を向けていない女性に対して視線を向ける時間が，コップへ視線を向けている女性と比較して長くなることがわかった。

つまり1歳半の乳幼児は，コップの存在に「気づいていない」女性に強く関心を寄せていたのである。

　1歳半ごろの乳幼児は，相手の気づいていないことについて，指さしによって積極的に情報提供をする（Meng & Hashiya, 2014）。これに加えて，孟ほか（Meng et al., 2017）が明らかにしたように，乳幼児は重大な情報に「気づいていない」相手に関心を向ける。孟と橋彌（2017）の言葉を借りれば，この時期の乳幼児は，何かに「気づいていない」相手を気遣うのである。こういった相手への気遣いは，もしかしたら，重要なことを相手が知らないことで生じるであろう何らかの不利益への予期と関連しているのかもしれない。つまり，あることを知らないままでは，相手は重大な失敗を犯してしまうかもしれない。それゆえ，乳幼児は指さしによって，相手にその情報を伝え，未然にその不利益が生じるのを予防しているのかもしれない[5]。

　他者と生活していく中で，自分は知っているが他者が知らない情報が存在する場合，他者がその情報を知らないがゆえに（つまりその相手にその情報について教えなかったがゆえに）何らかの不利益を被り，それが原因で自分自身にも不利益が生じることがあるかもしれない。たとえば何かについて協働する際，自分自身の知っている効率の良い方法を相手が知らなければ，協働の効率は著しく落ちるであろう。相手に効率の良い方法を教えてあげれば，協働の効率が下がることはない。自分の知っている情報を知らない相手を気遣い，そしてその相手に対して積極的に，その情報を知らない相手に開示していく心理と行動を乳幼児が有することは，上述の利他性や相利性と同様，ヒトが他者と協働していく際の作法を生得的に備えて生まれてくる可能性を示唆しているものと考えられる。

　これらに関連して，もう一つ，ヒトの形態的な特徴にも言及しておきたい。ヒトの目にあってヒト以外の霊長類の目にないもの，それは「白目」である。ヒトの目に関して我々が通常「白目」と呼んでいる部分は，正確には「強膜」（sclera）という。チンパンジーをはじめとする多くの霊長類では，虹彩（いわゆる「黒目」の部分）と類似した黒色や茶色の色素が強膜に沈着している。こ

---

[5] 実際，18から24カ月齢の乳幼児が，指さしによって間違えそうになっている他者の行動を訂正しようとすることが知られている（Knudsen & Liszkowski, 2012）。

のため，虹彩が強膜の色にまぎれてしまい，目の輪郭の中のどの位置に虹彩があるのかを周囲から判別しにくくなっている。さらに，霊長類の中には目の周りの皮膚の色も，色素の沈着した強膜と同じような色をしているものもおり，このようなカラーリングが虹彩の位置をいっそうわかりにくくしている。一方で，霊長類の中でも唯一，ヒトの強膜には色素の沈着がなく，虹彩や目の周りの皮膚よりも明るい白色となっている。白色の強膜は目の周りの皮膚や虹彩の色との間で強いコントラストを生じさせるため，その目を見ることのできる周囲の者から，その目の持ち主がどの方向へ視線を向けているかを容易にとらえることができるのである（Kobayashi & Kohshima, 2001）。ヒトは自分に向けられた視線に対する感受性が高いが（Farroni et al., 2002），これは，白目のあるヒトの目の形態的特徴に依るところが大きいと思われる。

　「二者間が目を合わせている状態」は，ヒトを含め，多くの霊長類において「攻撃」「威嚇」のシグナルとなる（Emery, 2000）。しかし一方で，ヒトに関しては，他者とのアイコンタクトは，他者との協働の中で，他者を裏切らないという「コミットメント」のシグナルとなることが近年示された（Siposova et al., 2018）。ヒトにおいて，アイコンタクトが他者と協働するうえで他者に不利益を与えないことを伝えるシグナルになること，そして，白目を有する人の目が，二者間でのアイコンタクトを容易にすることは，ここまで述べてきたような心理的・行動的な特徴のみならず，形態的な特徴の面からも，ヒトが協働するための性質を生得的に帯びていることを示していると考えられるのである。

2　協働を可能とするさまざまな行動の進化

　ここまで，乳幼児が困難な状態にある他者に代わり，その他者の目的を利他的に達成する行動をみせること，また，他者と共通の目的を達成し利益を得るという相利的な動機づけのもと，一人では達成できない課題を他者とともに達成するために，自分の行動を調整したり，意思疎通を図ったりすること，そして，自分の知っている情報を知らない他者を気遣い，その情報を積極的に相手に開示することを紹介してきた。生後間もない乳幼児がこういった行動を，他者との相互作用の中で学習し獲得したとは考えにくい。したがって，これらの行動を，ヒトはある程度，生得的に有した状態で生まれてくると考えられる。

加えて，これらの行動が，チンパンジーなど，ヒトと近縁の種には困難であることを勘案すると，こういった行動はヒトがチンパンジーとの共通祖先から分かれたあと，独自に進化させたものと考えられるだろう。

　チンパンジーとヒトの間で異なるのは，備わった知性を，チンパンジーが他者との競争の場面において，ヒトが他者との協働の場面において発揮する点である（Hare & Tomasello, 2004；Herrmann et al., 2007）。いったい，どのような進化の圧力が，ヒトとチンパンジーを隔てたのであろうか。この難問には意外なところに突破口があった。

　ヒトにおいて，他者とのアイコンタクトが，他者との間でのコミットメントの信号となることは上述のとおりである。実際，アイコンタクトはヒト同士のコミュニケーションにおいて頻繁に用いられ，ヒト同士の協働の効率を高めていることは日常生活でも実感されることである。逆にチンパンジーなどでは，互いに目を合わすことはほとんどなく，むしろ視線を合わせないよう，避けあって生活している。お互いを見つめあうことができるヒトは，多様な動物種の中でも異彩を放っているが，実は，ヒトと頻繁に，長時間，アイコンタクトの状態を保てる動物が，少なくとももう1種存在する。それはイヌである。なぜヒトとイヌとは長時間，見つめあうことができるのであろうか。逆にそれは，なぜ他の動物同士が見つめあえないのかについても答えを提供してくれるかもしれない。

　イヌはもともと，オオカミと共通の祖先を有していた。オオカミとイヌとがいかに分岐したのかについては諸説あるが（大森・長谷川, 2009），おおよそ4000年から6000年前，ヒトが定住を開始したことが，これに大きなインパクトを与えたことは間違いなさそうである。すなわち，オオカミの中に，自分たちの食物資源を，野山の動植物ではなくヒト由来のもの（残飯など）に求めるものがいた。ヒトから食物を得ようとするオオカミは，ヒトの住む村に近づけなければならない。このとき，ヒトを恐れない，ヒトに近づけるという特徴が障壁となり，オオカミとイヌとを分岐させた。ヒトに近づけるオオカミの中でも，とくに従順な個体同士が選抜され，交配していった結果，ヒトと目を合わすことを恐れない，従順なイヌが生じたものと考えられる。この考えは，オオカミと同様にイヌ科の動物であるキツネのうち，ヒトに近づくことを恐れない，従

順な個体ばかりを選択して交配していった結果，従順なイヌの特徴を帯びた個体がわずか数世代で誕生したことからも裏付けられている（Hare et al., 2007）。興味深いのは，この研究では「ヒトに従順な個体」を選択的に交配したのであって，「指さしやアイコンタクトなど，ヒトのコミュニケーションシグナルを読み取ることにたけている者」を選択的に交配したわけではないのである。すなわち，ヒトに相対したときに生じる「恐怖」や「攻撃性」などの強い情動反応を抑えることのできる寛容さをもつイヌは，ヒトの発するコミュニカティブな信号（指さしやアイコンタクト）を適切に読み取る知性を獲得することができた（Hare & Tomasello, 2005）。

　この研究結果は，ヒトがなぜ，「協働」を可能にした知性的な行動を進化させたのかに関し，重要なヒントを与える。イヌがヒトと目を合わせ，ヒトの発するコミュニケーションのシグナルを理解できるようになるプロセスの最初には，まずオオカミとイヌとの共通祖先がヒトを恐れなくなった段階が存在したようだ。すなわち，ヒトに対して「恐怖」や「攻撃性」といった強い情動反応を引き起こされない寛容さをもつ個体が選択的に交配され，そのプロセスの中で協力的な知性を有するにいたった。ヒトが他者と協働するうえでも，協力的な知性を発揮させる必要があるが，その発端には，他者を恐れない，他者に対する寛容性をもつ者が生き残れるプロセスが存在したと考えられる。そして，寛容さを得た次のステップとして，力を合わせて大きな目的を達成し，より大きい利益を得るための協働に知性を発揮できる個体が好まれていった。その結果，ヒトは寛容で協働の得意な種となった。ヒトにおける協働に適した知性を進化的に獲得していったプロセスは，ちょうど，オオカミとイヌとの共通祖先が家畜化のプロセスの中で協力的な知性を手に入れていったことと重なる。この仮説は「自己家畜化仮説」と呼ばれる（Hare et al., 2012）。

　ヒトにおいて，実際にこのようなプロセスが生じていたかどうかを確認することは難しい。ただ，チンパンジーと共通の祖先をもつボノボは，チンパンジーと比較して他者と協力することに積極的である（Hare et al., 2005）。ボノボは，チンパンジーとの共通祖先から分岐するプロセスの中で，見ず知らずの他者に対しても食べ物をシェアするような寛容さを有するにいたっており（Tan & Hare, 2013），これが，彼らの協力的な知性を発揮するうえでインパク

トを有していたことがうかがわれる。すなわち，他者に対する攻撃性の低減や強い情動反応を生じさせないという，オオカミとイヌとを分岐させた特徴が，チンパンジーとボノボとの間にも生じたのであろう。

　ヒトは進化のプロセスの中で，まず寛容さを手に入れ，そして，協働できる能力を有する者が繁殖相手として好まれるプロセスが生じたと考えられる。協働に適した協力的な知性を発揮するうえで，他者への寛容さは必須であったと考えられるのである。

3　近年の研究動向における川上の研究（Kawakami, 2014）の位置づけ
　　──丁寧に事例を拾う重要性

　ここまで紹介してきたように，ヒトにおける協働に適した知性については，実証的な研究が数多く刊行され，どのように進化してきたか，その理論の整備も進んできた。ただ，これらの研究の多くが実験的なアプローチによってなされてきていることに，我々は少し注意をしておく必要があるかもしれない。乳幼児にせよ，チンパンジーにせよ，その他の動物種にせよ，実験が明らかにすることは，彼らがその実験の課題を解決できること（あるいは解決できないこと）である。ある実験の結果が，その実験対象の性質を適切に評価しているのかどうかは，常に我々が考えておかねばならないことと思われる。

　1つ例を挙げよう。かつて，チンパンジーには他者の心的状態を理解する能力（心の理論）は備わっておらず，それがヒトとチンパンジーとを分かつ特徴であろうと考えられてきた。その根拠の一つは，心の理論の有無を測る「誤信念課題」をチンパンジーがクリアできない点であった。しかし，現在ではこの認識が覆りつつある。その端緒の一つは，課題の生態学的妥当性に対する問いであった。

　ヘアほか（Hare et al., 2006）は，チンパンジーが実験者から餌を奪う際，自分の姿を隠し，相手から見えないようにふるまうことを示した。実験では，実験者が自身の左右に餌を置く。チンパンジーは，筒に自分の手を通さなければその餌をとることができない。実験者は，餌を自分の左右に置いたのち，一方だけに注意をむける。このあとのチンパンジーの行動が観察された。その結果，チンパンジーたちは実験者の見えない方から，餌をとろうと試みることがわ

かった。この結果は、「この実験者には自分の姿が見えていない」ということをチンパンジーが理解できていることを示している。換言すれば、チンパンジーは、相手に「見える」ことが、「知らない」から「知っている」という心的状態の変化を相手にもたらすことに気づいているのである。

上述のように、ヒトは協働することが日常的な世界で生活している。一方、チンパンジーにとってそれは日常ではない。彼らはヒトと比較して、他者との関係性がより競合的である。食べ物などを巡る争いはヒトよりも厳しい。このような社会環境で生活する彼らは、協働の場面よりも競合の場面で知性を発揮すると考えられる。チンパンジーの生活の中では、ヘアほか（2006）で示されたような、相手に気づかれないように餌を奪うといった場面が日常茶飯なのだろう。1990年代には、こういったチンパンジーにとっての日常を考慮しない実験が実施されており、その結果、チンパンジーの知性が過小評価されていたのである。

心は目に見えない。したがって心理学者はあの手この手で心を測定する手法を考案してきた。実験もその一つであるが、その手法の妥当性は常に問われ続けられなければならない。これは心を測るうえでの基本的な注意点の一つであるにもかかわらず、私たちはそれを忘れがちである。あくまで実験の結果の示すことは、その実験で与えられた課題をクリアできたかどうかであり、それがその実験対象の日常生活のどの部分に活かされているかを語ることには慎重さを期す必要があるだろう。

保育園において乳幼児たちが観察者に向けた「見せる」「渡す」「教える」といった行動の回数の発達的変化をまとめた川上の研究（Kawakami, 2014）は、ここまで紹介してきた膨大な実験的研究の結果と比べると、ややプリミティブに映るかもしれない。しかし乳幼児たちの、「渡す」や「見せる」行動の中には、乳幼児たちの利他性が確かに垣間見える。とくに「渡すふり」という行動は興味深い。「見えないもの」、すなわち視覚的に知覚できない不在事象について相手とコミュニケーションを図るためには、「自分にとっては『見えていることになっているもの』が、相手にとっても『見えていることになっているもの』となっている」という同意を相手と共有していることが必要だからである。ここには、利他性とともに、相手と主観を共にする「間主観性」の豊かさが発

揮されていることがわかる。

　加えて，川上の研究（Kawakami, 2014）に示されている乳幼児たちの「教示行為」は，「相手の知らない『他者に関する情報』を教える」というタイプのものであったが，協働に適した知性を有するにいたったヒトの進化的な経緯を踏まえると，この結果は面白い。というのは，ここでみられた乳幼児の教示行為は，もしかしたら，私たち成人が第三者に関する情報について相手と話す「ゴシップ（うわさ話）」に類するものかもしれないためである。複雑な社会の中で協働していくうえで，ゴシップを提供すること，そしてゴシップを手に入れることは非常に有益である。他者の興味や関心を引く内容であるゴシップを交換することは互いに利益になり，コミュニケーションを円滑にする潤滑油の役割を果たすだろう。加えて，他者に関するネガティブなゴシップについて聞いておくことは，その他者と今後も付き合いを続けていくかどうか，協働のパートナーとして適切かどうかを判断する材料にもなる（Dunbar, 1996/2016）。うわさ話をヒトがどのように開始するのかについては，4，5歳ごろの幼児を対象にしたものがわずかに研究されているだけである（志澤ほか，2009）。川上の研究（Kawakami, 2014）では，この研究よりも小さい月齢である2歳齢ごろの乳幼児にゴシップを他者に提供する能力の萌芽がみられることを示している。

　再三述べてきたように，利他行動や教示行為は，協働に適した知性的な行動である。この生得性を乳幼児に求める際，川上の研究（Kawakami, 2014）に示されたような豊かな乳幼児の行動を，実験的に検討することは難しい。たしかに，自然場面は実験場面とは異なり，統制のとれたものとは程遠い。したがって，自然観察によって得られた結果は，さまざまな交絡要因の入り混じる，解釈の困難なものであることは間違いない。しかし一方で，実験場面が自然場面から切り取られた場面である以上，実験場面で得られた結果は日常場面で生きる乳幼児の一部である。実験場面では起こりえない，稀であるが重要な行動を自然観察によって注意深く拾い集めていくことは，実験で得られた，純度の高いパワフルな知見とともに，ヒト乳幼児の豊かな知性の姿を描く両輪となり得る。川上の研究（Kawakami, 2014）の意義は，これまであまり着目されていなかった，実験的結果でとらえられてこなかった乳幼児の利他的・協働的な側面を豊かに描き出したところにあるといえるだろう。

第2節　ヒト以外の霊長類は協働的ではないのか？

　上記の問題は，チンパンジーの知性に関する研究にもいえることである。チンパンジーに関しては，従来，ヒトのような協働はないのではないかとされてきた。チンパンジーをはじめ，ヒト以外の動物の知性は「マキャベリアンインテリジェンス」と呼ばれることがある。マキャベリとは「君主論」で有名なルネサンス期イタリア・フィレンツェの思想家ニコロ・マキャベリのことである。ヒト以外の霊長類の利己的な動機に基づく知性の発露に，自分の所属する国家の安寧のため権謀術数を巡らせたマキャベリを連想した研究者たちが，彼の名前をヒト以外の霊長類の知性に冠したわけである。たしかに，上述したように，チンパンジーは相手を出し抜くような競争的場面において，自己の利益を高めるために知性を発揮する。

　マキャベリアンインテリジェンスが考案された当初は当然，ヒトの知性の在り方もマキャベリ的なものとして，霊長類の知性の中に含まれていた（Byrne & Whiten, 1988/2004）。しかし，2000年代後半からは，ヒトの知性が他の霊長類とは異なる，協働的なものであることが強調され始めた（たとえば，Vygotskian Intelligence；Moll & Tomasello, 2007）。ただ，ヒトが驚くような詐欺的行為で自身の利益を高めようとすることは，毎日のニュースを見ていれば明らかである。つまりヒトもまた当然，マキャベリ的な仕方で知性を発揮する。それでは逆に，ヒト以外の霊長類はマキャベリ的ではない，協働的な仕方で知性を発揮しないのであろうか。

　「チンパンジーは他者の福祉には興味がない」（Chimpanzees are indifferent to the welfare of unrelated group members）と題された論文（Silk et al., 2005）がNatureにおいて刊行されて以降，チンパンジーが本当に無関係の他者を助けようとしないのか，という問題の検証が加速度的に進められた。現時点ではその結論は出ていないと思われるが，実験的な研究からは，少なくともチンパンジーは他者の利益になるよう行動する場合があることが示されてきた。これに関して近年，最も大きなインパクトをもったものの一つは京都大学霊長類研究所で行われたものであろう。山本ほか（Yamamoto et al., 2009）は，隣同士の

ブースに入れられた2人のチンパンジーによる協力行動の実験において，一方のチンパンジーのブースの前に餌を置き，もう一方のチンパンジーのいるブースにその餌を取るのに必要なステッキを入れた。ステッキの入れられたブースにいるチンパンジーの前には餌がなく，このチンパンジーにとっては意味のない道具であった。また，チンパンジーはブース間を移動することはできなかったが，手を隣のブースに入れることはできた。ただ，手をいくら伸ばしても，前に餌の置かれたブースのチンパンジーの手はステッキには届かなかった。この状況下で，前に餌を置かれたブースにいるチンパンジーが隣のブースにいるチンパンジーに対して手を伸ばしたジェスチャーを産出し，ステッキを要求すると，ステッキの入れられたブースにいたチンパンジーはそのステッキを渡したのであった[6]。この研究は，チンパンジーが，「相手から求められれば，相手にとって必要な利他行動をとる」ということを示している。

一方，チンパンジーたちの日常生活に目を向けると，彼らは一見すると，あたかもヒトと同じように，相手を気遣い，助けているような場面に出くわす。そういった行動を単なる逸話にとどめず，定量化し，検討した研究もいくつか存在する。たとえば板倉（Itakura, 2003）は，風邪を引いた子どものチンパンジーに対し，母親が通常時よりも頻繁にグルーミングをする，あるいは抱くなどの行動をとることを示した。このことは，他個体の健康状態が通常と異なることに気づき，それをケアするような利他性を有している可能性を示している。

筆者らもまた，チンパンジーの有する利他性の発露について，彼らの日常の観察を通して検討した。我々（Kishimoto et al., 2014）は，高知県立のいち動物公園において生まれてきた二卵性の双子（ダイヤ〔男の子〕とサクラ〔女の子〕）のチンパンジーのうちの一方（サクラ）を，その母親ではない女性のチンパンジーが背に乗せて運搬するなど，「ベビーシッター」のような行動をとることを示した。チンパンジーで双子が生じる割合についてはまだよくわかっていな

---

[6] この研究に関して，「相手から手を伸ばされたチンパンジーが心理的プレッシャーを感じ，とにかくその場をやり過ごすために，その場にあるステッキを渡した」という反論もありうる。ただ，少なくとも，相手には何が必要か，ということを判断し，最も適したものを渡している可能性が示されている。ステッキ以外の複数の道具を一方のチンパンジーの側に置くと，その中から，目的達成を阻まれている困難な状況を相手が打開するうえで最も適した道具を選択し渡すのである（Yamamoto et al., 2012）。

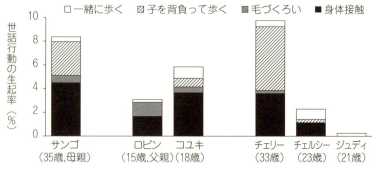

図1　大人たちの名前と年齢

双子の一方（サクラ）に対する，大人たちによる世話行動の生起率。ロビンは男性であり，それ以外の大人はすべて女性であった。大人たちのうち，チェリーという女性は，母親サンゴと同程度，世話行動を行っていた。しかも，チェリーは母親サンゴと同様，4種類の世話行動すべてを行っていた。Kishimoto et al.（2014）より筆者作成。

いが，100出産に1出産程度，つまりヒトと同程度と考えられている（鵜殿ほか，1999）。しかし，人工保育ではない，自然保育で双子が育った例というのは非常に稀である。その理由は定かではないが，通常，1産1仔であるチンパンジーに，同時に2仔が生じた場合，授乳や運搬，他個体や捕食者からの子の防衛など，母親には通常以上の高い育児負担が生じると考えられる。この負担のため，双子の一方，あるいは両方への育児をしなくなってしまい，双子が育たないのかもしれない。

　これに対し，高知県立のいち動物公園のチンパンジー集団では，飼育員が双子を養育することなく，母親による自然保育が実現していた。我々は双子が2歳齢の時点において1年間，観察を行った。具体的には，のいち動物公園のチンパンジー集団の，双子の母親を含む大人たち6人[7]を追跡観察し（総観察時間はおよそ40時間），双子たちに対する世話行動（「一緒に歩く」「子を背負って歩く」「毛づくろい」「身体接触（子を背負って歩く，毛づくろい以外）」の4種類）が，総観察時間のうちのどの程度の割合で生じるのかを検討した。その結果，双子の母親ではない大人の女性が，母親と同程度，双子の一方（女の子）を背中に乗せるなどの世話行動を行っていたことが明らかとなった（図1）。

---

[7] 観察を行っていた当時，集団には8人の大人がいた。しかし，このうちの2人は，観察を実施した屋外の放飼場に出てくることが少なかったため，分析から除外した。

このような，母親以外による子育ては「アロペアレンティング」や「アロマザリング」と呼ばれる。双子を養育するという，高い育児負担を他者とシェアするという現象が，少なくともチンパンジーにもみられることをこの研究は示している。他者である双子の母親の育児負担を軽減する（そしてその負担を自分自身が負う）という点で，アロペアレンティングは利他的な行動である。ヒトにおいては，保育園などを例に挙げるまでもなく，自分の子ではない子を他者が預かる，ということは頻繁にみられる（根ヶ山・柏木，2010）が，自分の子どもではない子どもに対し世話行動をみせたチンパンジーの女性には，ヒトでは当たり前にみられるアロペアレンティングの萌芽をみて取ることができる。

　これらの研究例が示すように，チンパンジーを含め，霊長類においても協働的な側面がみられることが徐々に明らかになってきた。かつてマキャベリと称された彼らの知性は，当然，マキャベリらしく自身の利益のために用いられる場面もある。一方で，ヒトにおいて強調されてきた協働的な場面でも，チンパンジーの知性が発揮されることがわかってきたのである。これは，ヒトとの対比の中で過小評価されてきたチンパンジーたちの知性についての再評価がなされてきていることを意味しているといえるだろう。

第3節　バランスのとれたヒト理解，チンパンジー理解
　　　　　——まとめに替えて

　前節では，チンパンジーの知性についての研究の歴史をたどりながら，彼らの知性が過小評価されてきたことについて述べてきた。とくに，実験的な手法のみでその対象の知性を測る場合，その実験の手法が適切でなければ，彼らの知性が過小評価される恐れがある。これは，動物の研究を行う場合のみならず，ヒト乳幼児の研究を行う際にも十分に気をつけねばならない点と考えられるだろう。たとえばヒト乳幼児については近年，脳計測や視線計測の技術が爆発的に進展したことにともない，彼らの驚くべき知覚能力や認知能力が明らかとなった[8]。こういった研究により，ヒト乳幼児の能力に対する認識は大きく

---

[8] ヒトの大人では識別できない，たとえばニホンザル乳児の顔ですら，乳幼児には見分けることが可能であることが示されている（Pascalis et al., 2002）。

変化し，「有能な赤ちゃん」という考えが人々に共有されつつある。ただ，私たちはここで，別のことに注意する必要がある。それはヒトやチンパンジーなどの知性の「過大評価」である。

認知心理学の分野では，近年，「WEIRD 問題」の深刻さが叫ばれている（Heine, 2018）。WEIRD とは，「奇妙な」を意味する "weird" とは違う。WEIRD とは，White（＝白色人種），Educated（＝教育を受けている），Industrialized（＝工業化された），Rich（＝経済的に豊か），Democratic（＝民主的な）の頭文字のことを指す。すなわち，WEIRD 問題とは，研究対象の協力者がほぼ，これら WEIRD に該当する人々で占められてしまっている問題のことを指す。WEIRD に該当するヒトというのは，実は地球上の全人口の12％に過ぎないにもかかわらず，である。実際，2008年に心理学のトップジャーナルに掲載された論文の研究協力者の96％は，工業化された西洋の国の出身者であった（Heine, 2018）。

心理学の実験によって明らかになってきた知見は普遍的なものであるから，研究対象が WEIRD の人々に偏っていても問題ない，そう考える方もおられるかもしれない。しかし，実は WEIRD の人々を対象とした研究結果が，それ以外の人々では当てはまらない，という事例が数多く見つかってきた。たとえば，心理学を学ぶ者であれば講義などで一度は目にするであろう，ミュラー・リヤー錯視というものがある。同じ長さの線分を2本用意し，一方の両端には，矢羽と呼ばれる図形（「＜」や「＞」の形をした図形）を内向きに（つまり，左端には「＜」，右端には「＞」に）つけ，もう一方の線分には外向きに（つまり，左端には「＞」，右端には「＜」に）つける。すると，2本の線分は長さが等しいにもかかわらず，内向きの矢羽をつけたものはもともとの線分と比較して短く，外向きの矢羽をつけたものは，もともとの線分と比較して長く見えるという錯覚である。この結果は非常に頑健で，誰を対象に行っても同じ結果が得られるように感じられる。ところが，さまざまな伝統社会に住む人々にミュラー・リヤー錯視を提示すると，その中の多くは，我々ほど線分が長くなる，あるいは短くなることを感じないようだ。南部アフリカのカラハリ砂漠に暮らすサン族の人々では，錯覚そのものがほとんど生じない（Segall et al., 1966）。先ほども述べたように，WEIRD の人々は地球上の全人口の12％である。ミュラー・リ

ヤー錯視は，この（たった）12％のヒトにだけみられる現象である可能性がある。WEIRD の人々で得られてきた，私たちの知るミュラー・リヤー錯視のデータは，もしかしたら地球上の全人口からみれば外れ値の可能性がある。換言すれば，私たちはミュラー・リヤー錯視の現象を「過大評価」しているのかもしれない。

　これはヒトの成人を対象とした研究にとどまらない。たとえば乳幼児の指さし行動はおおよそ12カ月齢ごろに獲得されると，発達心理学の教科書などには繰り返し記されている。しかし，メキシコのユカタン半島に暮らす人々では，指さしの発達がこれよりも遅い（Salomo & Liszkowski, 2013）。つまり，欧米を中心とした研究では，乳幼児の指さしの発達の早さを過大評価している可能性がある。発達初期である乳幼児の行動にすら，文化の影響はもはや無視できないレベルで存在している。加えて，チンパンジーについても，そのチンパンジーが野生で生活しているか，動物園で暮らしているか，そして研究所において認知実験の研究対象として暮らしているかによって，発揮できる能力に違いがある。研究所で暮らすチンパンジーの中には，餌を取るよう，指さしで実験者に知らせることのできる者もいるが，野生のチンパンジー同士で，指さし行動がみられたとする研究はほとんどない（Tomasello et al., 2007）。チンパンジーを対象とした認知実験のほとんどは，研究所や動物園など，ヒトと頻繁に接する環境で暮らす者を対象に行われており，そこでのチンパンジーのパフォーマンスは，野生のチンパンジーを凌駕する不自然なものかもしれない。しかしそういった施設の研究者が論文にすれば，研究に携わらない一般の人々は，こういった過大評価されたチンパンジーの姿を，チンパンジーの本質とみなしてしまうだろう（Leavens et al., 2017）。

　ヒトやチンパンジーの本質を，過大評価も過小評価もせず，とらえるにはどうしたらよいのであろうか。そもそも，そんなことが可能であろうか。そして，本質とは何であろうか。これは（発達）心理学という学問分野を超えた問いなのかもしれない。ただ少なくとも，自分たちの得ているデータの性質について冷静に見つめる姿勢が大切かもしれない。実験によって得られたデータであるならば，それがその対象の何をどこまで指し示すものであるのか。観察によって得られたものであるならば，そこに含まれる，交絡要因がなんであるのかを

見極める必要があるだろう。そして，さまざまなアプローチで得られた結果をそれぞれパズルのピースとして持ち寄り，それをくみ上げていくことによって全体像を知る，そのようなアプローチが必要だ。ヒトの協働に適した知性と行動について，実験的なアプローチによって得られた知見（たとえば，Warneken et al., 2006）と，観察によるアプローチで得られた知見（たとえば，Kawakami, 2014）とを持ち寄り，研究者間で風通しの良いコミュニケーションを図っていくことが今後重要になってくるだろう。

　過大評価も過小評価もない，バランスのとれた人間理解の構築は，おそらく，ヒトにかかわるたくさんの研究者による協働で成し遂げられる。難問であるが，解けない問題ではないであろう。地球上に現れたヒトは，そのあらゆる困難を，協働で克服してきたのだから。

引用文献

Bullinger, A. F., Zimmermann, F., Kaminski, J., & Tomasello, M. (2011). Different social motives in the gestural communication of chimpanzees and human children. *Developmental Science*, **14**, 58-68.

Butterworth, G. (2003). Pointing is the royal road to language for babies. In S. Kita (Ed.), *Pointing: Where language, culture, and cognition meet* (pp. 9-33). Mahwah, NJ: Erlbaum.

Byrne, R., & Whiten, A. (Eds.). (2004). マキャベリ的知性と心の理論の進化論：ヒトはなぜ賢くなったか（藤田和生・山下博志・友永雅己，監訳）．京都：ナカニシヤ出版．（Byrne, R., & Whiten, A. (1988). *Machiavellian intelligence: Social expertise and the evolution of intellect in monkeys, apes, and humans*. Oxford: Oxford University Press.）

Dunbar, R. (2016). ことばの起源：猿の毛づくろい，人のゴシップ（松浦俊輔・服部清美，訳）（新装版）．東京：青土社．（Dunbar, R. (1996). *Grooming, gossip, and the evolution of language*. Cambridge, MA: Harvard University Press.）

Emery, N. J. (2000). The eyes have it: The neuroethology, function and evolution of social gaze. *Neuroscience and Biobehavioral Reviews*, **24**, 581-604.

Farroni, T., Csibra, G., Simion, F., & Johnson, M. H. (2002). Eye contact detection in humans from birth. *Proceedings of the National Academy of Sciences*, **99**, 9602-9605.

古畑尚樹・板倉昭二．(2016). 乳幼児における We-mode の可能性：協働行動からの検討．*心理学評論*, **59**, 236-252.

Hare, B., Call, J., & Tomasello, M. (2006). Chimpanzees deceive a human competitor by hiding. *Cognition*, **101**, 495-514.

Hare, B., Melis, A. P., Woods, V., Hastings, S., & Wrangham, R. (2007). Tolerance allows bonobos to outperform chimpanzees on a cooperative task. *Current Biology*, **17**, 619-623.

Hare, B., Plyusnina, I., Ignacio, N., Schepina, O., Stepika, A., Wrangham, R., et al. (2005). Social cognitive evolution in captive foxes is a correlated by-product of experimental domestication. *Current Biology*, **15**, 226-230.

Hare, B., & Tomasello, M. (2004). Chimpanzees are more skilful in competitive than in cooperative cognitive tasks. *Animal Behaviour*, **68**, 571-581.

Hare, B., & Tomasello, M. (2005). Human-like social skills in dogs? *Trends in Cognitive Sciences*, **9**, 439-444.

Hare, B., Wobber, V., & Wrangham, R. (2012). The self-domestication hypothesis: Evolution of bonobo psychology is due to selection against aggression. *Animal Behaviour*, **83**, 573-585.

Heine, S. (2018). 心理学における多様性への挑戦：WEIRD 研究の示唆と改善（三宅真季子，訳）．*認知心理学研究*, **15**, 63-71.

Herrmann, E., Call, J., Hernández-Lloreda, M. V., Hare, B., & Tomasello, M. (2007). Humans have evolved specialized skills of social cognition: The cultural intelligence hypothesis. *Science*, **317**, 1360-1366.

Itakura, S. (2003). A mother chimpanzee knows her son is sick. *Perceptual and Motor Skills*, **96**, 1361-1362.

Kawakami, K. (2014). The early sociability of toddlers: The origins of teaching. *Infant Behavior and Development*, **37**, 174-177.

Kishimoto, T., Ando, J., Tatara, S., Yamada, N., Konishi, K., Kimura, N., et al. (2014). Alloparenting for chimpanzee twins. *Scientific Reports*, **4**, 6306.

Knudsen, B., & Liszkowski, U. (2012). Eighteen- and 24-month-old infants correct others in anticipation of action mistakes. *Developmental Science*, **15**, 113-122.

Kobayashi, H., & Kohshima, S. (2001). Unique morphology of the human eye and its adaptive meaning: Comparative studies on external morphology of the primate eye. *Journal of Human Evolution*, **40**, 419-435.

Leavens, D. A., Bard, K. A., & Hopkins, W. D. (2017). The mismeasure of ape social cognition. *Animal Cognition*, 1 -18.（https://doi.org/10.1007/s10071-017-1119-1）

Liszkowski, U., Carpenter, M., Striano, T., & Tomasello, M. (2006). 12- and 18-month-olds point to provide information for others. *Journal of Cognition and Development*, **7**, 173-187.

Marshall-Pescini, S., Schwarz, J. F., Kostelnik, I., Virányi, Z., & Range, F. (2017). Importance of a species' socioecology: Wolves outperform dogs in a conspecific cooperation task. *Proceedings of the National Academy of Sciences*, **114**, 11793-11798.

Meng, X., & Hashiya, K. (2014). Pointing behavior in infants reflects the communication partner's attentional and knowledge states: A possible case of spontaneous informing. *PLoS ONE*, **9**, e107259.

孟　憲巍・橋彌和秀．(2017).「教え」，「気遣う」赤ちゃん：1歳半児は相手の知識や注意状態を踏まえてコミュニケーションする．*Academist Journal*. Retreaved from https://academist-cf.com/journal/?p=3626（2018年8月30日）

Meng, X., Uto, Y., & Hashiya, K. (2017). Observing third-party attentional relationships affects infants' gaze following: An eye-tracking study. *Frontiers in Psychology*, **7**, 2065.

Moll, H., & Tomasello, M. (2007). Cooperation and human cognition: The Vygotskian intelligence hypothesis. *Philosophical Transactions of the Royal Society of London B: Biological Sciences*, **362**, 639-648.（https://doi.org/10.1098/rstb.2006.2000）

根ヶ山光一・柏木惠子（編著）．(2010).ヒトの子育ての進化と文化：アロマザリングの役割

を考える.東京:有斐閣.
大森理絵・長谷川寿一. (2009). 人と生きるイヌ:イヌの起源から現代人に与える恩恵まで. 動物心理学研究, 59, 3-14.
Pascalis, O., de Haan, M., & Nelson, C. A. (2002). Is face processing species-specific during the first year of life? *Science*, 296, 1321-1323.
Plotnik, J. M., Lair, R., Suphachoksahakun, W., & de Waal, F. B. (2011). Elephants know when they need a helping trunk in a cooperative task. *Proceedings of the National Academy of Sciences*, 108, 5116-5121.
Salomo, D., & Liszkowski, U. (2013). Sociocultural settings influence the emergence of prelinguistic deictic gestures. *Child Development*, 84, 1296-1307.
Segall, M. H., Campbell, D. T., & Herskovits, M. J. (1966). *The influence of culture on visual perception*. Indianapolis, IN: Bobbs-Merrill.
志澤康弘・日野林俊彦・南　徹弘. (2009). 3 - 4歳児のその場にいない他者についての話題の内容. 日本心理学会第73回大会発表論文集, 1098.
Silk, J. B., Brosnan, S. F., Vonk, J., Henrich, J., Povinelli, D. J., Richardson, A. S., et al. (2005). Chimpanzees are indifferent to the welfare of unrelated group members. *Nature*, 437, 1357-1359.
Siposova, B., Tomasello, M., & Carpenter, M. (2018). Communicative eye contact signals a commitment to cooperate for young children. *Cognition*, 179, 192-201.
Suchak, M., Watzek, J., Quarles, L. F., & de Waal, F. B. (2018). Novice chimpanzees cooperate successfully in the presence of experts, but may have limited understanding of the task. *Animal Cognition*, 21, 87-98.
Tan, J., & Hare, B. (2013). Bonobos share with strangers. *PLoS ONE*, 8, e51922.
Tomasello, M. (2009). *Why we cooperate*. Cambridge, MA: MIT Press.
Tomasello, M., Carpenter, M., & Liszkowski, U. (2007). A new look at infant pointing. *Child Development*, 78, 705-722.
鵜殿俊史・寺本　研・早坂郁夫. (1999). 三和化学研究所におけるチンパンジー妊娠100例の総括. 霊長類研究, 15, 243-250.
Warneken, F., Chen, F., & Tomasello, M. (2006). Cooperative activities in young children and chimpanzees. *Child Development*, 77, 640-663.
Warneken, F., & Tomasello, M. (2006). Altruistic helping in human infants and young chimpanzees. *Science*, 311, 1301-1303.
Warneken, F., & Tomasello, M. (2008). Extrinsic rewards undermine altruistic tendencies in 20-month-olds. *Developmental Psychology*, 44, 1785-1788.
Yamamoto, S., Humle, T., & Tanaka, M. (2009). Chimpanzees help each other upon request. *PLoS ONE*, 4, e7416.
Yamamoto, S., Humle, T., & Tanaka, M. (2012). Chimpanzees' flexible targeted helping based on an understanding of conspecifics' goals. *Proceedings of the National Academy of Sciences*, 109, 3588-3592.

第2章
指さし行動の発達

宮津寿美香

序　節　「見過ごされてきた事象」に光を当てる（髙井清子）

　筆者らが乳児の研究を始めた1970年代は，初めて子どもをもった母親の半数が，生まれたての子どもは目も見えないし，耳も聞こえないと信じていたような時代であった。今ではお腹の中の状況も最新鋭の機器類によって，手に取るように知ることができるようになった。そのことが人類にとって幸せなことなのかどうかは別として。

　次章以降で述べる「新生児のストレス研究」，「乳児の微笑研究」という一連の研究において，それまで社会だけでなく学会においてさえも何となく信じられてきていた，というより気にも止められず見過ごされていた事象に，微かではあるが光を当てることができたように感じていたが，もう一つ気になっていることがあった。それは，はるか昔の筆者（髙井清子）ら自身の子育ての中で，またまだ言葉が出るか出ないかの子どもたちと接する中で目にした「ハンドテイキング行動」といわれる行動である。

　「ハンドテイキング行動」に関しては，児童心理学や発達心理学のハンドブックの自閉症スペクトラムの章（あるいは節）に，「クレーン現象」という言葉で簡単な記述があるだけで，しかもそこには引用文献すらも見られなかった（ちなみに，花熊・赤松（1995）によれば，クレーン行動の名づけ親は，精神医学者の牧田清志（1966）である）。しかしながら前言語期の子どもたちと接していると，典型発達児においてもそれはそれほど珍しい行動ではないように思えた。

また 4 歳児にもみられたとの保育者の報告などからも，「ハンドテイキング行動」は前言語期特有の一過性の現象ではなく，子どもの認知発達・対人認知・心の理論などと関連して追究する価値のあるテーマではないかと考えるに至った。なお，2000年〜2001年まで3回にわたりこの問題について学会発表を行ったが，そのときの標題は，ハンドブックでの標記に従い「クレーン現象」であった。「クレーン現象（2）」を発表した際，その【目的】に，これまでクレーン現象に関しては自閉症スペクトラム児によくみられる行動として，それもマイナスのとらえ方がされてきたと言えるであろう，と書いた。これに対して相談機関に勤めているという方から，私たちは自閉症スペクトラム児がクレーン現象を示し始めると，やっと関係をもてる糸口がつかめたと大喜びするのですが，クレーン現象ってよくない行動なのですか，という質問をいただいた。このことは，筆者らにハンドテイキング現象（行動），自閉症スペクトラム児について考え直す一つの視点を与えてくれた。

　その後2002年度の1年間の海外研修をはさみ，帰国後再開したときにはタイトルを「現象」から，より主体的な「行動」に改め，2006年から2010年まで6回学会発表を行った。

　合計9回の学会発表では，観察によって得たハンドテイキング行動の様相を示す内容が主であったが，論文としてまとめた研究（Kawakami et al., 2011）は観察室での実験という形をとった。

　この論文では，「ハンドテイキング行動」を「他者の手または腕に触れて，対象児が動かすこと」と定義した。観察室で22名の典型発達児（1歳5カ月〜2歳6カ月，女児15名・男児7名）とその母親に，テーブルの上のパズルで約30分間自由に遊んでもらった。10名（女児6名，男児4名）にハンドテイキング行動が観察され，男児の方に有意に多くみられた。22名中8名が一語文期，11名が二語文期，3名が三語文期であり，ハンドテイキング行動を示した10名は，それぞれ3名，6名，1名であったが，いずれも有意差はみられなかった。

　ハンドテイキング行動は，自閉的な子どもにみられるが，典型発達児にはあまりみられない（Gómez, 2004）といわれてきたが，それに対する反証はできたと考える。ハンドテイキング行動時に母親を見ることは皆無であることもわかり，アイコンタクトが重要であるとする欧米的考え方を再考する必要もあろう。

ハンドテイキング行動と言語発達との直接的な関係は見られなかったが，ハンドテイキング行動に発声をともなったものが31中8あり，言語が自由に操れるようになれば減少する可能性はある。22名の対象児のうち，観察中指さしをしなかったのはわずか2名のみであった。その内の1名は，ハンドテイキング行動を3回示していた。ハンドテイキング行動と指さしとの関連は大きなテーマとなろう。

　本研究は，典型発達児にもハンドテイキング行動がみられることを示すことはできたが，まだ緒に就いたばかりである。もっと多面的な視点から探究しなければならないであろうし，前言語期の子どもたちが示す他のさまざまなコミュニケーション手段との関係も探る必要性があると考える。まだまだ前述の，相談機関の方の質問に応える術からもほど遠い状況であり，自閉症スペクトラム児が示すハンドテイキング行動と同様の役割をもつものなのかなども知りたいところである。

引用文献

Gómez, J. C. (2004). *Apes, monkeys, children, and the growth of mind.* Cambridge, MA: Harvard University Press.

花熊　曉・赤松真理．(1995). 発達障害児の「クレーン行動」に関する一考察：文献の展望と行動の観察例から．*特殊教育学研究*, **33**, 53-61.

Kawakami, K., Kawakami, F., Tomonaga, M., Kishimoto, T., Minami, T., & Takai-Kawakami, K. (2011). Origins of a theory of mind. *Infant Behavior and Development*, **34**, 264-269.

牧田清志．(1966). 幼児自閉症とその周辺．*児童精神医学とその近接領域*, **7**, 54-72.

第1節　はじめに

1　思い込みからの脱却

「人は生まれながらにして，他者とかかわりたいという欲求をもっている」（岡本，1982）。その言葉どおり，乳幼児は前言語期の早い段階から，さまざまな方法で他者とコミュニケーションをとっていることは明白であり，前言語期の研究は枚挙にいとまがない。

筆者自身も，前言語期のコミュニケーション行動に強く魅力を感じ，これまで保育場面や家庭場面をフィールドとし，縦断的に前言語期の子どもたちのコミュニケーション行動，とくに指さし行動について観察をしてきた。常に感じることだが，目の前の子どもたちは，こちらの想像，予測を上回る行動を多々見せてくれる。ときには，一つの通念として述べられてきた概念や知識を覆すこともある。

川上ほか（Kawakami et al., 2011）では，「ハンドテイキング行動」が自閉症スペクトラム児だけにみられるのではなく，典型発達児にもみられることを確認し検証している。

筆者が彼らの研究（ハンドテイキング行動）を最初に目にしたのは，学会論文集であった（川上ほか，2006など）。当時大学の卒業研究で，前言語期の極低出生体重児（2歳台・男児）を参与観察していた。

対象児は，体格面でも，言語面でも同年代の子どもたちよりも明らかに遅れていた。2歳を過ぎても言葉の表出がなく，視線があいにくいという理由で，「発達障がいの疑いがある」と母親は医師から告げられていた。しかし，多くの前言語期の子どもがそうであるように，彼もまた指さし行動や身振り，発声を用いながら他者とかかわる様子がうかがわれた。

一つ特徴があるとすれば，指さし行動をする際に，「他者の顔を見ない」ことだった。今でこそ，指さし行動をするときは，必ずしも他者の顔を見るとは限らないとする研究もあるが（とくに日本人の乳児は，あまり見ないという指摘もある），当時は指さし行動の定義として，「『指をさした対象』と『他者』とを交互注視する」というのが一般的であり，発達心理学のテキストにもそのよ

うに記載があった。

しかしながら側で縦断的に観察をしていた筆者としては，定義化された方法とは異なるかもしれないが，「彼なりのやり方」で他者とコミュニケーションが充分にとれているように感じられた。

「発達障がい」との診断が腑に落ちない，そのような心境の中，川上ほか（2006）の研究が，いかに衝撃をあたえたかは言うまでもない。「ハンドテイキング行動＝自閉症スペクトラム児」という定説が頭に焼きついていた筆者にとって，「典型発達児でもする」ということに素直に驚いた。そして，その驚きは，「頭をからっぽにして目の前の子どもを観察する」ということはどのようなことなのかを筆者に教えてくれた。ある程度の発達の道筋は決まっているとはいえ，すべての子どもが同様の道のりをたどるのではなく，その子なりのペース，方法をとることもある。このことは，今もフィールドに入るうえで筆者にとっての大きな指針となっている。

川上ほか（2006）の研究との出会いから10年以上が経った現在，所属している大学でこんな出来事があった。筆者と筆者のゼミ生との会話の一コマである。その学生は，特別支援の授業を受講していたため，それとなく「ハンドテイキング行動」のことについてたずねてみた。すると彼女は，涼しい顔でこう言った。「今は自閉症スペクトラム以外の子どもでも，ハンドテイキング行動をするというのが常識ですよ」と。「自閉症スペクトラム以外の子ども」というのは，典型発達児のことを指している。もちろん，典型発達児がハンドテイキング行動をすることはよくわかっている。筆者が驚いたのは，今目の前にいる大学生から自然にこのような言葉が出たことである。

筆者が彼女と同じ大学生であったころ，とくに川上ほか（2006）の研究と出会うまでは，「半信半疑」であったことが，今では「確信」へ変わり認知されている。

研究というのは，すぐに脚光を浴びるものもあれば，ゆっくりと時間をかけて広がっていくこともあるのだ。そのためには，既存の概念や定説を信じすぎず，自分の目や直観を信じ，立証できるよう努めていくことが重要であろう。

以下では，前言語期のコミュニケーション行動の中でも，とくに中心的な行動とされる「指さし行動」に着目し，先行研究から指さし行動の機能を確認す

るとともに，子どものさまざまな指さし行動を観察する中で，筆者が疑問をもち検討した内容について提示し，得られた課題についての展望を試みる。具体的に以下の3つの研究を提示する。1つ目は，前言語期の子ども同士の指さし行動に焦点をあてた，「1歳児の指さし行動」(宮津，2010)，2つ目は，コミュニケーション機能をもたない指さし行動（一人指さし行動）に焦点をあてた，「0歳児の指さし行動」(宮津，2018)，そして3つ目は，指さし行動が出現する前の乳児期初期に焦点をあてた，「子どもの目さし行動」(宮津，2014)である。さまざまな年齢や人的環境で観察することを通して，前言語期のコミュニケーションの謎に迫っていく。

2　指さし行動の機能

　前言語期の乳児側の伝達行動に関する研究の多くは，生後9カ月ごろから他者認識が変わることを指摘している。単に自分に同調してくれる存在であった他者が，9カ月以降から計画的に感情や情報を取り交わす存在へと変化する。乳児の行動はそれまでの微笑や泣きにとどまらず，外界に存在する対象に対して能動的に相手の注意を向けようとする直示的身振りである「指さし行動」をはじめ，「視線追従」，「社会的参照」などさまざまな共同注意行動がみられはじめる。とくに「指さし行動」は視覚的にはっきりと把握しやすいこともあり，多くの研究者が注目している。「指さし行動」とは，生後9カ月ごろみられる，「左右一方のひとさし指を屈伸させ，周囲の環境の中から特定の対象を示す」行動である（室岡，1985)。乳幼児の指さし行動の種類は，対象の物や事象に関して他者に何かをさせようと試みる「指令的指さし」と，対象の物や事象に他者の注意を向け，他者と注意を共有しようとする「宣言的指さし」(Bates et al., 1975 ; Carpenter et al., 1998 ; Eilan et al., 2005) そして，「情報的指さし」(Liszkowski et al., 2007a, 2007b など) 等の報告がある。

　指さし行動が注目される理由として，誰かに何かを伝える，誰かと何かを共有する働きをもつことがあげられ，言語を自由に操ることができない乳児であっても，大人は彼らが行う指さし行動から，興味の所在や要求を把握することができ，対象についてコミュニケーションをとることが可能となる。また，指さし行動は人間以外でも行う。岸本 (2011) は，類人猿もヒトの乳幼児も，

指さし行動によって他者とコミュニケーションが行える一方，乳幼児は言語コミュニケーションと関連しているにもかかわらず，類人猿は言語と結びつかないのは，指さし行動に対して大人が言語的に応答するという特徴が類人猿にはみられないのが大きいと述べている。つまり，乳児が指さした対象について周囲の大人が対象の名称を言ったり，意味づけることが言語発達，認知発達，社会性において重要なのである。このような大人の働きかけを受け止め，吸収する力が人間の乳児には備わっている。

第2節　前言語期の子ども同士の指さし行動

　発達初期の子どもにとって身近な大人の存在が重要であるのは言うまでもなく，前言語期のコミュニケーション行動についての研究は，指さし行動を中心に主に養育者等の大人とのかかわりに焦点があてられ，「どのように子どもの関心を受けとめ共有するのか」「どのような言語的情報を提供するのか」など大人のもついくつもの役割が明らかになっている。一方で，この時期の同年代の子ども同士のかかわりについての研究は，子どもが言語を獲得した幼児期以降が注目されている。こうした背景には，2歳以降になると，他者の意図の解釈，所有や社会的ルールの理解，言語やコミュニケーション能力，情動や行動の自己調整等の発達が貢献している可能性が指摘されており，子ども間における「仲間入り」や「相互作用」，「いざこざ」などを中心として展開されている。

　しかし，前言語期の子どもたちの間でも非言語的もしくは，会話としては成り立っているとはいえないが相互交渉が見られるという指摘はあるのだ。たとえば，大竹・星（2005）は，言語を獲得する以前の子どもたちが，子ども同士の相互作用の中でどのように意図や要求，感情を読み取っているか事例を通し検討し，いくつかの示唆を得ている。須永（2007）は，乳幼児同士が互いに同じ動きをすることで気持ちを分かち合うことを「共振」という概念を用いて提示している。また，子ども同士の指さし行動についても報告はある。フランコほか（Franco et al., 2009）の子ども同士と大人－子ども間での指さしの違いについての実験では，大人との相互作用では，子ども同士の相互作用より多くの指さしが見られるが，子ども同士では視線を交わしたり，発声をともなうこと

により指さしをしていることを明らかにした。つまり，実験場面ではあるものの，「指さし行動は前言語期の子ども同士でもする」のである。

そもそも，筆者自身も保育現場において幾度となく，前言語期の子ども同士の指さし行動を目にしていた。たとえば，遊戯室の壁に掲示してあるタペストリーを指さし，他児を見る場面や，鳩時計が鳴った瞬間に，前言語期の子ども同士で鳩時計を指さしながら，にこにこと笑い合っている場面を観察したときは，驚きのあまり思わず声を出してしまった。

たしかにことばの使用がいまだ不十分な子ども同士のかかわりであるため，質的にも大人とのかかわりと異なることは推測できるが，実際の子どもたちの様相を観察していると，彼らの中での意志の疎通や気持ちの分かち合いを感じることがある。子ども同士の指さし行動は，大人への指さし行動と何が違うのか。そもそも，指さし行動をする子どもの動機は，大人に対してのものと子ども同士では同じなのであろうか。

宮津（2010）では，前言語期の子ども同士の指さし行動について，保育現場における縦断的観察を通じ，彼らがどのような方略で他者に自分の意思などを伝えているのか，また，この時期のそれらの行動が意味するものについて，大人（保育士）への指さし行動との比較から探っていくこととした。

保育園に通う1歳児4名（男児1名，女児3名）を中心とし，指さし等の対象児の言動をノートに記録するフィールド・ノートによる観察を約半年間行った。本研究の目的は，子ども同士の指さし行動は，保育士等の大人への指さし行動と何が異なるのかを検討することである。したがって，先行研究を参考として，指さし行動について質的な違いから7カテゴリーを設定し，保育士への指さし行動と子ども同士の指さし行動を分類した。

「保育士への指さし行動」では対象の様相について伝える「説明」（36%）のカテゴリーの割合が最も高く，次に必要な物を取ってほしいときなどに使う「要求」（20%）のカテゴリーが続いていた。それに対して，「子ども同士での指さし行動」では「説明」（31%）が「保育士への指さし行動」と同じように高い割合を示しているが，次にどのカテゴリーにも該当しない「その他」（23%），そして相手と同じものを指さす「模倣」（17%）が高く，これは「保育士への指さし行動」と異なる点である。保育士への指さし行動でみられた「要

子ども同士の指さし行動

求」や「質問」は，子ども側はなんらかのフィードバックを必要としているが，子ども同士はそうではないということであろう。

また，エピソードをみると，「保育士への指さし行動」と「子ども同士の指さし行動」は，大きく以下の3点が質的に異なることがわかった。

① 相手による指さし行動の違い

「保育士への指さし行動」では，子どもは保育士から反応（言語的な）を得ると指さし行動はそこで終結する。また，指さし行動に保育士が気づかない場合，子どもはそれ以上行うことはなく，指さし行動自体を止める（諦める）。一方で，「子ども同士の指さし行動」では，相手からなんらかの反応を得るまで指さし行動を続け，反応を得ても繰り返し続けることがある。

② 指さし行動を受ける側の対応の違い

保育士は，子どもの指さし行動に対して言語的に対応し，さらに対象についての話題を膨らませているが，子ども同士では指さし行動をした相手の行動を模倣する（相手が指さした対象を同じように指さす），微笑むなど非言語的な行動で対応する様子がみられた。

③ 「模倣」の指さし行動の役割

子ども同士では，何か情報を伝えるために指さし行動を行うというよりも，指さし行動を用いながら他児へと近づき，仲間に加わる様子がみてとれた。それには，「模倣」の指さし行動が重要な役割を担っており，お互い何度も同じ対象を交互に指でさし合い，それは保育士が止めるまで続く。

以上のことから，保育士が子どもの指さし行動に，言語的に対応し子どもの意図を理解して共感していることに対して，子ども同士では，模倣や微笑みによる動作で対応することがわかった。「模倣」とは，乳幼児期の子どもに頻繁にみられる行動（現象）であり，相手の動作を真似ることをいう。9カ月ごろにみられる模倣は，相手のやっていることの「意図」を推察し，その意図を取り込んで真似る役割がある（佐伯，2007）。前言語期の子どもたちは，言語が未熟な分，大人がするように，指さし行動について言語的な反応はできないが，模倣をすることで相手の状況や気持ちを理解している可能性がある。さらに「保育士への指さし行動」では子どもからの指さし行動に保育士が気づかない場合，子どもは指さし行動をそれ以上行わないという特徴があったが，「子ども同士の指さし行動」では，相手からの明確な反応を得るまで，何度も同じ言動を繰り返す姿がみられた。子どもたちの「相手の反応を得るまで，繰り返す」行動には，自分に注意を向けさせる戦略的な要素があるのかもしれない。

　「子ども同士の指さし行動」で明らかとなったもう一つの重要な点は，「模倣」の指さし行動を用いて他児に近づき仲間に加わり，その後互いに何度も「模倣」の指さし行動をし合うという特徴が見出されたことである。このような現象は観察の後半に多くみられ，対象についてなにかを伝えようとするよりも，相手に接近し，あたかも相手とのやりとりそのものを楽しんでいるように感じられ，保育士など大人への指さし行動とは異なる動機のもとで行われていると考える。大人への指さし行動が，目の前のもの（こと）の名前や様子について伝え，そこから新たな知識を得ることを目的として行われるのであれば，「子ども同士の指さし行動」は仲間形成や遊びの発展への前触れの要素が強いのではないだろうか。

　子ども同士の関係性は，私たちが思うよりも早い段階で築かれているのかもしれない。

第3節　「一人指さし行動」の役割

　前節では，子どもは保育士などの大人にだけでなく，同年代の子ども同士でも指さし行動を行うことがわかった。どちらの指さし行動においても，そこに

は「誰か（人）に何か（物）を伝える関係をつくる」という状況が存在する。前言語期の子どもは，人さし指を巧みに使いながら自分の意思を存分に他者へ示している。

　一方で，筆者は以前より子どもの示す指さし行動で気になることがあった。指さし行動を獲得してまもない，0歳後期から1歳初期の子どもたちの指さし行動の様子を観察する中で，誰か特定の他者に向けて行うものではなく，「自分自身のため，もしくは自分に向けて行う」ような「ひとり言」のような指さし行動を観察することがあったのだ。たとえば，周囲に人がいない中，ふいに何か（宙）を指さしうなずく様子や，保育室の棚に置いてある玩具の箱を指さし手に取るなどである。それは，指さし行動の機能として周知されている，「自分の意図を他者に伝えるコミュニケーション行動として行う指さし行動」とは明らかに質が異なっていた。

　これまでもこのようなコミュニケーション機能を意図しない指さし行動については，いくつか指摘や目撃がされている。たとえば，「そばにいる他者とは関係なく，意図伝達を伴わない指さしをしていることがある」（小山，2006）という報告や，母親による育児日誌より6カ月から14カ月の指さし過程を分析し，9カ月ごろまでは探索や注意という自分自身に対する指さし行動が多いが，11カ月を過ぎたころから，大人からの問いかけに指さし行動で応えるなど，社会的な様相を帯びてくるとの指摘がある（Carpendale & Carpendale, 2010）。村上（2016）も，母親の育児記録から，21カ月の子どもが着脱の際に指さし行動を用いている事例について言及している。また，実験場面ではあるが，ひとりの指さしが内的な認知機能にかかわることが明らかとなっている（Delgado et al., 2010）。そのような指さし行動は，指さしの発達過程ではきわめて初期にみられるものであるという指摘もある（Bates et al., 1979）。

　このように，コミュニケーション機能をもたない「非伝達的指さし行動」についての検討はあるものの，前言語期の子どもが示すそれらの指さし行動の具体的な様相や，「伝達的指さし行動」との関係について縦断的な観察を通して検討したものは見当たらない。

　宮津（2018）では，0歳児後期から1歳児前期（観察開始時）の子どもたちの「非伝達的な指さし行動」を「一人指さし行動」と定義し，その様相や役割

について検討した。

　繰り返しになるが,「指さし行動」とは,「他者に自分の意図を伝えるコミュニケーション機能」が付随しており,指さしをする子ども以外の「他者の存在」を強調している。

　このように他者が子どもの指さし行動に反応した,コミュニケーション機能をもつものを「伝達的指さし行動」と称する。それに対し「一人指さし行動」とは,「人さし指で対象を指し示す」という点は「伝達的指さし行動」と同じであるが,そこには,他者に何かを伝えるという明確なコミュニケーション機能が付随しないことを特徴とする。

　具体的には,①指さし行動をしたあとに,他者の顔を見ない,②子どもが指をさしたあとに,他者が反応しない（他者が反応した場合は,一人指さし行動とせず伝達的指さし行動とする）。以上の定義に当てはまるものを「一人指さし行動」とした。

　先行研究から,「一人指さし行動」は,発達の初期にみられるという指摘が多いため,対象児は保育園の0歳児クラス9名（男児5名,女児4名）とした。観察期間は,約1年で全22日。観察時間は1日60分であり,午睡から目覚めたあとの自由遊び時間に行った。観察方法は,デジタルビデオカメラを用い,常に9人全体を撮影し,その中から指さし行動を抜き出した。

　全観察期間を通して,一人指さし行動は108回,伝達的指さし行動は178回みられた。

　対象児の日齢が指さし行動に与える影響をみたところ,547日齢（1歳半）までは「一人指さし行動」と「伝達的指さし行動」に大きな差はみられないが,対象児の日齢が548日齢を超えると「一人指さし行動」よりも「伝達的指さし行動」が多くなることがわかった。つまり,1歳半を過ぎると他者に向かった指さし行動（伝達的指さし行動）がより顕著になるということである。また,子どもの発達の側面が指さし行動に与える影響をみるために,身体発達および言語発達と指さし行動の関係に注目してみた。身体の発達と指さし行動との関係について,対象児が,はいはいやつかまり立ちから歩くようになると「伝達的指さし行動」が「一人指さし行動」よりも多くなることがわかった。子どもが一人で歩行をするようになると,周囲の大人との関係に大きな変容がもたら

され，それまでのつかまり立ちまでの時期よりも身体発達が対象児に与える影響は大きい。また，ひとり歩きにより行動範囲が広がり，対象児の視界は変化することが予測でき，環境の中の対象や人についてそれまでよりも興味や関心をもつようになるといえよう。保育士側の立場で考えても，同じ子どもの指さし行動であっても，子どもが歩くようになってからは，それ以前よりも，子どもの指さし行動に注目しやすくなったり気づきやすくなることが推測できる。一方で言語面においては，一語文が出ると，「伝達的指さし行動」が多くなることがわかった。このことから，「一人指さし行動」はまだ喃語段階の，有意味語が出る前の時期にとくに多くみられる指さし行動である可能性がある。

身体発達同様に言語面においても，喃語に比べ，一語文や二語文は子どもの意図を把握しやすく，大人が注意を向けやすい。それが結果的に，他者とのコミュニケーションをもつ指さし行動，「伝達的指さし行動」へとつながっていくと考えられる。

また，「一人指さし行動」のエピソードから質的内容をみてみると，1歳半までは自分の行きたい方向を指さしそこへ向かったり，欲しいものを指さして取るなど，自分自身の意図の確認や行動の統制のために行われていることがうかがわれ，他者になにかをしてほしかったり，他者とのかかわりを望んでいる様子はみられなかった。一方，1歳半以降では，他児が遊んでいる様子や，動いているカーテンや車について指さすという内容が多くなり，これは自分以外の他者や対象に注目していなければみられない指さし行動である。これらの「一人指さし行動」の質的な変化から，対象児の注意や関心が環境内の他者や物に対して，どんどん広がりをみせていることが推測される。

前言語期のコミュニケーション行動の指標である指さし行動であるが，子どもの発達とともに，質的に変化していくことが観察された。「指さし行動」をひとくくりにするのではなく，そのときの子どもの発達状況を多方面から分析し，考察することは重要であろう

第4節 「目さし」の発達的意味

第2節，第3節から，前言語期の子どもにとって，指さし行動は重要なコ

ミュニケーションツールであるとともに，年齢（日齢）や身体の発達により役割が異なることがわかった。

では，指さし行動が出現する以前は，乳児はどのようなコミュニケーション行動を示すのであろうか。乳児期初期の研究をみると，子どもの視線に注目した研究が多いことに気がつく。近年では視線計測など新たな調査方法の開発によって，乳児がどこをどの程度見ているのか詳細にとらえることができるようになり，乳児の認知発達についてより明確になってきている。また，この時期の乳児の視線は，初期のコミュニケーション研究においても注目をされている。生後2カ月ごろから乳児と母親は互いに見つめ合い，一方が微笑むことでもう一方が微笑むという，アイコンタクトを通したかかわりがみられ始める。このように，この時期の乳児のコミュニケーションは母親等との二項関係の枠組みでのみ展開されるとされてきたが，4カ月児が対象を手に入れることが可能であるにもかかわらずその対象を凝視することで，指さし行動と同等の機能を視線を用いて行っているとする指摘もある（Wakaba, 1981；若葉, 1981）。さらに，相互作用場面において，母親の注意は子どもの注意の方向と同じ方向に向けられていることが多い（Collins, 1977；Wakaba, 1981）。このような子どもがみせる凝視のことを秦野（1983）は「目さし」とよんでいる。たしかに，この時期の子どもたちはよく周囲の環境を見ている。先日も電車の中で母親の膝に抱かれ座っている乳児が，周囲の大人の顔を次から次へと凝視していた。

乳児に見つめられると，にんまりと笑みを浮かべ，思わず色んなことを子どもに語りかけてしまう大人もいれば，気まずそうに顔をそむける大人もいる。大人たちの様子が乳児の目にはどのように映っているのであろうか。

このように考えると，乳児期初期の子どもたちにとって，「視線」は重要なものであり，「視線」について検討をすることは，その後のコミュニケーションや言語発達との関係，または指さし行動の発生との関連を考えるうえでも有意味であろう。

ただ，「視線」に着目するうえでの問題点もある。秦野（1983）のいう「目さし」とは，乳児が対象を凝視する現象を総称しており，指示機能の出発点としているが，指さし行動のように視覚的に把握しやすい行動とは異なり，子どもがなにを見ているのか計測器を用いずに正確にとらえることは困難であろう。

また，子どもたちに限らず人は覚醒している場合，常に何かを見ておりそのすべてを把握することは至難の業である。

　宮津（2014）では，子どもの視線の中でも，他者（母親）がなんらかの反応を示したもの，つまり「他者（母親）の注意を喚起した視線」を「目さし」と定義した。

　つまり，子どもが何かを見ていたとしても，他者（母親）が何の反応も示さなければそれは「目さし」にはならない。また，注意を喚起するという点では「目さし」だけではなく，指さし行動などの他の前言語期にみられる現象との関係をみていく必要があると考える。したがって，それらの行動の出現により，「目さし」に質的，量的な変化がみられるのか，2組の前言語期の子どもの乳児期初期から前言語期の様相をそれぞれ縦断的に観察することで目さしの発達的意味を探ることを目的とし観察をおこなった。

　対象児は2組の男女の乳児（Y児〔女児〕，R児〔男児〕）とその母親である。いずれの乳児も観察開始時はまだ指さし行動が出現していなかった。

　Y児は，生後7カ月（216日）～2歳3カ月（816日）まで合計36回，R児は，生後8カ月（234日）～2歳3カ月（798日）まで合計17回分について，筆者がそれぞれの自宅を訪問し，約30分間，乳児と自由にやりとりをするように依頼し，デジタルビデオカメラでその様子を録画した。

　記録から，対象児の行動を抽出すると，①「目さし」②「指さし」③「一語文」④「二語文」の大きく4つの行動がみられ，それぞれの行動がみられた時期を「目さし期」，「指さし期」，「一語文期」，「二語文期」とした。

　前言語期の子どもの様子について，筆者が家庭場面を長期間観察したのは初めてであった。子どもの発達とともに母親のかかわり方は変化していくという指摘はある（常田，2007など）が，本研究ではその点にも注目した。

　興味深かったのは，指さし行動を行う前の時期，つまり「目さし期」では，Y児，R児の双方の母親は，子どもの視線に対して頻繁に反応をし，「目さし」がみられるのだが，子どもが指さし行動をはじめる「指さし期」になると，「目さし」がみられる日とみられない日があった。さらにR児は「一語文期」で目さしがみられず，「二語文期」ではY児，R児共に全6日間のうち，目さしがみられたのは1回だけである。各時期の日数の偏りもあるが，少なくとも

対象児の言語の出現とともに目さしの起こる比率は大きく減少していた。母親との言語によるコミュニケーションが可能となると，母親の注意は子どもの視線よりも言語に重点がおかれることが本研究からわかった。

また，「目さし期」と「指さし期」に注目をすると，母親の子どもの視線に対する反応としては，「声かけ」が多くみられた。その「声かけ」の内容について分析をすると，いずれの母親も「目さし期」と「指さし期」における声かけに，子どもが視線を向けた対象の「名称」が入っていた。たとえば，「コップがあるね」，「くまさんほしいの？」等である。つまり，「目さし期」と「指さし期」の子どもが有意味語を発するまでの指さしに対する母親の声かけの内容と，目さしの声かけの内容が質的に近い内容である可能性がある。従来，指さし行動の機能として，子どもが指さした対象について母親が言語的な意味づけをし，それが後の言語発達の基盤になるとされており，その声かけは指さした対象物の名称であることが多いことがわかっている（Goldin-Meadow et al., 2007；Masur, 1982）。

本研究からは，視線に対しても母親は対象の名称を含んだ声かけをしており，子どもに指さし行動がみられる前から，その視線の先をたどり，意味づけていることが示唆された。

子どもが新しい単語を習得したり，対象についての知識を得るためには，情報を与えてくれる大人が注意を向けている対象は何か，環境の中の多くの刺激からひとつを特定し，その対象に対する注意を共有することが必要となる。乳児期初期の「目さし期」において，子どもがこのような大人の役割について理解しているとは考え難いが，少なくとも子どもが視線を向けた対象について母親は対象の名称を言っていることは事実であり，こうした経験がたとえば後の指さし行動や言語発達とのつながりなどの足場作りの役割を担っている可能性もある。前言語期のコミュニケーションの中心は指さし行動に重きがおかれがちであるが，発達の基盤となりうる行動（現象）が，乳児期初期からすでにはじまっており，子どもの発達を早い段階からみていくことの必要性を改めて感じる。

第5節　一連の研究を通しての課題と展望

　本章での前言語期のコミュニケーションの流れをみると「目さし」→「指さし行動」→「言語」という，一連の方向性があることがわかった。

　以下，明らかになった知見と課題について，大きく2つの視点（「目さし」および「指さし行動」）から述べる。また，「ハンドテイキング行動」について，本章の観察の中でみられた事例について考察をする。

1　目さし：子どもの視線に反応する他者の役割

　「家庭場面」における縦断的研究を通して，母親は，子どもの「視線」に対して，「声かけ」を頻繁に行っており，その中でも名詞を含む声かけが，後の子どもの指さし行動に対しての母親の声かけとほぼ同率でみられた。つまり，言語発達など，子どもの発達の足場づくりとされている指さし行動であるが，指さし行動がみられる前にも，すでに母親は視線に対して同様の反応をすることで子どもの発達を支えていることが考えられる。しかし，課題の一つとして，データ数の少なさがあり，また，今回は「声かけ」に含まれる「名詞」に着目して，「目さし」と「指さし行動」の共通性を見出す試みを行っているが，それぞれの行動の機能が同じであると言いきるには，まだ説得性が弱いことは否めない。今後はさらに，他の視点から分析を進めていきたい。

　また，この「目さし」は，保育場面においても，一度ではあるが保育士と一人の対象児との間に観察された。その際，保育士と対象児の周囲にはほとんど人がおらず，二人の距離感が近かったことが特徴であり，「目さし」が起こるには，子どもと大人の距離やかかわりの質が関係している可能性がある。一人で数人の子どもを対象とする保育場面と比べて，家庭場面では，「目さし」がおこりやすいことが推測でき，家庭場面に特有のものであるのかもしれない。このように，子どもにまだ指さし行動がみられない乳児期初期から，すでに養育者との間にひとつのコミュニケーションが成立していることを，家庭場面での観察から多少なりとも示すことができたといえよう。

　その後の観察によって，「目さし」は，4カ月児からみられたが，実際いつ

ごろから「目さし」がみられはじめるのか，対象年齢を下げて検討していきたい。

2　指さし行動：その発達的変化と機能について

一人指さし行動について

0歳児の子どもの行う指さし行動に注目するなかで，他者に向けての指さし行動を行う前に，自分自身のために行う「ひとり言」のような指さし行動がみられた。そして，それは縦断的観察の中で，生後1歳半前後がその変換点であることが見いだされた。子どもの発達上で，この1歳半という時期は，心身ともに大きく変化する時期である。多くの場合，身体的には一人歩きができ，言語的には有意味語の出現する時期にあたる。認知発達の面からは自己認識がほぼ確立され (Lewis et al., 1989)，自己を意識することにともなって生じる，「照れ」や「共感」，「羨望」といった自己意識情動もこの時期からみられはじめる (Lewis et al., 1989)。このように，1歳半ごろは，発達のさまざまな側面において大きな節目をむかえ，乳児が他者への依存から独立して幼児へと発達していく重要な変換点とされている。

大きく，「月齢」，「言語」，「身体」の3つの発達の視点から分析をしたが，目に見える発達からのアプローチだけでなく，子どもの内面の発達から指さし行動をみることができたらと考える。そのためには，環境構成の検討や，観察だけでなく実験場面の設定などの吟味が必要であろう。

「人さし指で指し示す」という，指さし行動の形は同じであっても，子どもの月齢によりその意味や役割が異なり，さらに，指さし行動からそれぞれの子どもの発達段階や状況について読み取ることができた。子どもが行う指さし行動は，そのときの子どもの姿を知るための手がかりの一つになるのではないかと考える。

子ども同士の指さし行動について

子ども同士の指さし行動はコミュニケーションの手段としてばかりではなく，仲間との楽しいかかわりを含む，親和的な行動としての機能があることが示された。その様子からは，対象についての情報を他者に伝えるための，指さし行

さまざまな指さしのかたち

動の本来の意味だけではなく，相手（他児）と同じ行動を繰り返すという，やりとりそのものを目的としている様子がうかがわれた。

　指さし行動を言語発達や認知発達との絡みのみでとらえると，自ずと大人とのかかわりのみでの検討しかできないが，言語発達だけにとどまらない，子ども同士の指さし行動の役割もあると考える。この「子ども同士の指さし行動」については，第2節の0歳児の観察においても，彼らが1歳を過ぎたころに，2名にみられている。1歳台で他児への関心が高まることから，「子ども同士の指さし行動」は，ちょうど1歳を過ぎた時期にみられ始めるのかもしれない。また，対象児たちは，乳児期初期から常に一緒に時を過ごしてきた。このよう

第2章　指さし行動の発達　　45

なかかわりの時間や慣れが，子ども同士の指さし行動の頻度や内容に関係している可能性も考えられる。つまり，同じ1歳児の子どもたちであっても，それが初対面であった場合は互いに指さし行動を示すのかの検討も必要であろう。

3　ハンドテイキング行動について

第4節では，指さし行動が出現する前の乳児期初期から観察したが，Y児において539日齢で，「玩具が入っている缶の蓋が開けられず，母親の手を取って蓋を開けさせようと促す」行動，すなわち，「ハンドテイキング行動」が観察された。また，観察時間外であり，データとして記録は残っていないが，第2節の保育現場でも，1歳台の女児に，「玩具が入っている引き出しをあけたくて，側で見ていた筆者の手を無言で引き出しの方へともっていく」様子が観察されている。このエピソードで特徴的なのは，女児の周囲には，同年代の子どもたちが3名と，ボランティアとしてかかわっている女子大学生1名，そして，筆者がおり，保育者は同室にはいたものの，別の子どもの対応をしていた。そのような中，筆者の手をとったのはなぜだろうか。川上ほか（Kawakami et al., 2011）は，典型発達児を対象とした研究において，このような行為（ハンドテイキング行動）をするには，目の前の課題難易度の判断，自分の能力の判断，相手と自分の能力の差の判断といった過程を経る必要があり，なにより相手と心を分かち合っているからこそできる行為であると考えている。同年代の子どもたちは，まだ能力的には大人よりも劣り，ボランティアの学生は園に来て間もないこともあり，半年間，側で観察をしている筆者を選んだのではないかと推測する。また，これは感覚的なものになるが，筆者自身がこの「ハンドテイキング行動」をされてみて，手を「もののように扱われている」という感覚はなく，むしろ，一種の信頼関係のような感覚を味わうことができた。川上ほか（Kawakami et al., 2011）は，すべてが母親という，子どもに最も近い存在で実験をしているが，彼らの他の研究では，父親や観察実習中の女子大生，観察者自身に対しても子どもがハンドテイキング行動を行っている事例もある（高井・川上，2000）。このように，さまざまな人的環境において検討し，結果を比較することで明らかとなる点もあると考える。

筆者が観察した2つの「ハンドテイキング行動」の事例は，いずれも観察さ

れた時期が「一語文期」で多く，指さし行動も多くみられている時期である。川上ほか (Kawakami et al., 2011) でもすでに指摘しているが，それぞれの行動が観察されるタイミングに注目し（たとえば，ハンドテイキングが観察をされる直前に指さし行動が観察される等），今後も引き続き双方の関係について検討していきたい。また，第4節の対象児であるY児とR児は，まだ指さし行動がみられない「目さし期」において，双方の母親がそれぞれの児とのかかわりの中で，声かけとともに，指さし行動を頻繁に行っていることが観察記録から明らかとなっている。興味深いのは，母親が指さしをしたあとに子どもが「母親の手を見る」（指さし行動をした）という反応が，Y児は40.0%，R児には22.2%みられていることである。指さし行動もハンドテイキング行動も共に，「手」を使う行動である。岸本 (Kishimoto, 2017) でも，養育者の指さし行動が，子どもの指さし行動の発達に与える影響について指摘している。

　これらの行動をどうして子どもは行うのか，なぜ起こるのか，その起源を考えるうえで，外的要因の影響，つまりは前言語期の子どもとかかわる大人の行動に注目していくことも課題の一つではないだろうか。

第6節　これから研究をするうえで

　冒頭でも述べたように，筆者の研究への姿勢は，大学時代に出会った川上ほか（2006）の影響を受けている。彼らの研究のように，筆者の研究は決して，既存の概念や定義を覆すものとは言いきれない。しかしながら，「当たり前」に流されず，常にアンテナを張って子どもたちを観察していきたい。そのためには，研究者自身がフィールドに足しげく通い，生身の子どもと向き合うことから研究は始まると考える。

　また筆者の研究における対象児は，全員が典型発達児であったが，視覚や身体に何らかの障がいがある乳児であった場合，子どもまたは他者はどのようなコミュニケーションをとるのであろうか。幼稚園教諭，保育士の方々に研修等をさせていただく機会があるが，そこで必ず質問として出るのが先にあげたことである。先日もある育児支援の場で，発達に「つまずき」があるとされる，未就学児をもつ母親から，「子どもを連れて検診に行っても，発達のリストに

沿っての聞き取りばかりされる。項目ごとに『できる』『できない』だけで子どもの状態を判断され，目の前にいる子どもの様子はまったく診てくれない」という話を聞いた。

　乳幼児期の研究がさかんに行われ，次々と新たな知見が明らかとなる今日だからこそ，忘れてはならないこともあるだろう。フィールドに出ると，子どもを支える養育者がおり，学ぶこと，「はっ」と気づかされることが本当に多くある。そこに研究者が，第三者の視点としてみた子どもの姿を伝えていくことで，これまで気づかなかった一面や，子どもがみせるさまざまな行動に安堵したり，微笑ましく感じるきっかけを提供していくことも，乳幼児の発達を研究する者としての役割であろう。序節でも相談機関に勤めている方の一言が川上ほか（Kawakami et al., 2011）のきっかけとなったことが綴られている。研究とフィールドの相互作用によって，子どもを支えていくという視点を今後ももって臨み続けたい。また，米国人幼児と日本人幼児において，「他者を見る時間」の違いを検討した研究もあり（高井－川上ほか, 2004），障がいの有無だけでなく文化的な背景などを含めて，さまざまな子どもたちを対象とし前言語期のコミュニケーションについて検討することは，研究をさらに意味のあるものにしていくためには課題となると考える。

引用文献

Bates, E., Camaioni, L., & Volterra, V. (1975). The acquisition of performatives prior to speech. *Merrill-Palmer Quarterly*, **21**, 205-226.

Bates, E., Camaioni, L., & Volterra, V. (1979). The acquisition of performatives prior to speech. In E. Ochs & B. Schieffelin (Eds.), *Developmental pragmatics* (pp.111-130). New York: Academic Press.

Carpendale, J. I. M., & Carpendale, A. B. (2010). The development of pointing: From personal directedness to interpersonal direction. *Human Development*, **53**, 110-126.

Carpenter, M., Nagell, K., Tomasello, M., Butterworth, G., & Moore, C. (1998). Social cognition, joint attention, and communicative competence from 9 to 15 months of age. *Monographs of the Society for Research in Child Development*, **63**, I-174.

Collins, G. M. (1977). Visual co-orientation and maternal speech. In H. R. Schaffer (Ed.), *Studies in mother-infant interaction* (pp.355-375). New York: Academic Press.

Delgado, B., Gómez, J. C., & Sarriá, E. (2010). Funciones tempranas del gesto de señalar privado: La contemplación y la autorregulación a través del gesto de señalar = Early functions of the private pointing gesture: Contemplation and self-regulation. *Acción Psicológia*, **7**, 59-70.

Eilan, N., Hoerl, C., McCormack, T., & Roessler, J. (Eds). (2005). *Joint attention: Communication and other minds: Issues in philosophy and psychology*. Oxford: Oxford University Press.

Franco, F., Perucchini, P., & March, B. (2009). Is infant initiation of joint attention by pointing affected by type of interaction? *Social Development*, **18**, 51-76.

Goldin-Meadow, S., Goodrich, W., Sauer, E., & Iverson, J. (2007). Young children use their hands to tell their mothers what to say. *Developmental Science*, **10**, 778-785.

秦野悦子. (1983). 指さし行動の発達的意義. *教育心理学研究*, **31**, 255-264.

Kawakami, K., Kawakami, F., Tomonaga, M., Kishimoto, T., Minami, T., & Takai-Kawakami, K. (2011). Origins of a theory of mind. *Infant Behavior and Development*, **34**, 264-269.

川上清文・高井清子・友永雅己・岸本　健・南　徹弘. (2006). クレーン行動（1）. *日本心理学会大会発表論文集*, **70**, 1180.

岸本　健. (2011). なぜ幼児の指さしは後の言語コミュニケーションと関連しているのか？ *心理学評論*, **54**, 391-411.

Kishimoto, T. (2017). Cross-sectional and longitudinal observations of pointing gestures by infants and their caregivers in Japan. *Cognitive Development*, **43**, 235-244.

小山　正. (2006). 知的障害のある子どもにおける象徴機能の発達：伝達的指さし出現前後における言語獲得関連行動の発達状況. *こころとことば（人間環境大学人間環境学部紀要）*, **5**, 61-66.

Lewis, M., Sullivan, M. W., Stanger, C., & Weiss, M. (1989). Self development and self-conscious emotions. *Child Development*, **60**, 146-156.

Liszkowski, U., Carpenter, M., & Tomasello, M. (2007a). Pointing out new news, old news, and absent referents at 12 months of age. *Developmental Science*, **10**, F1-F7.

Liszkowski, U., Carpenter, M., & Tomasello, M. (2007b). Reference and attitude in infant pointing. *Journal of Child Language*, **34**, 1-20.

Masur, E. F. (1982). Mother's responses to infants' object-related gestures: Influences on lexical development. *Journal of Child Language*, **9**, 23-30.

宮津寿美香. (2010). 保育現場における前言語期の子どもの「指さし行動」. *人間環境学研究*, **8**, 105-113.

宮津寿美香. (2014). 子どもの「目さし行動」：母親の注意を喚起する「視線」. *子育て研究*, **4**, 32-41.

宮津寿美香. (2018). 発達に伴う「指さし行動」の質的変化：「一人指さし行動」から「伝達的指さし行動」へ. *保育学研究*, **56**, 30-38.

村上　涼. (2016). 指さし行動の発達過程：母親の育児記録（前言語期から言語期）の分析から. *日本保育学会大会発表論文集*, **69**, 777.

室岡弘明. (1985). 自閉性障害児の指さし行動と諸要因の検討. *情緒障害教育研究紀要*, **4**, 103-106.

岡本夏木. (1982). *子どもとことば*. 東京：岩波書店（岩波新書）.

大竹信子・星三和子. (2005). 言語発達の基盤としての子ども同士のコミュニケーション. *日本発達心理学会第16回大会発表論文集*, 323.

佐伯　胖. (2007). 人間発達の軸としての「共感」. 佐伯　胖（編），*共感：育ち合う保育のなかで*（pp.1-38）. 京都：ミネルヴァ書房.

須永美紀. (2007).「共振」から「共感」へ：乳児期における他児とのかかわり. 佐伯　胖（編），*共感：育ち合う保育のなかで*（pp.39-73）. 京都：ミネルヴァ書房.

高井清子・川上清文. (2000). クレーン現象（2）. *日本心理学会大会発表論文集*, **64**, 973.

高井-川上清子・川上清文・Lewis, M. (2004). 幼児の情動表出と文化. *日本女子大学大学院紀要, 家政学研究科・人間生活学研究科*, **10**, 153-157.

常田美穂. (2007). 乳児期の共同注意の発達における母親の支持的行動の役割. *発達心理学研究*, **18**, 97-108.

Wakaba, Y. (1981). Development of pointing in the first two years. *RIEEC Researh Bulletin*, **18**. （The research institute for the education of exceptional children, Tokyo Gakugei Univ.)

若葉陽子. (1981). 指さし行動の発達に関する研究：3ヶ月—24ヶ月期の母子場面における観察. *日本教育心理学会第23回総会論文集*, 290-291.

歳を超える方々も珍しくなくなってきた日本の現状をみるに，高齢者を対象とした心身の健康と「微笑（笑い）」との関連を探る研究などの意義も切に感じる。

引用文献

Kawakami, F., Kawakami, K., Tomonaga, M., & Takai-Kawakami, K. (2009). Can we observe spontaneous smiles in 1-year-olds? *Infant Behavior and Development*, **32**, 416-421.

Kawakami, F., & Yanaihara, T. (2012). Smiles in the fetal period. *Infant Behavior and Development*, **35**, 466-471.

川上清文・高井清子・川上文人．(2012). *ヒトはなぜほほえむのか：進化と発達にさぐる微笑の起源*．東京：新曜社．

Kawakami, K., Takai-Kawakami, K., Kawakami, F., Tomonaga, M., Suzuki, M., & Shimizu, Y. (2008). Roots of smile: A preterm neonates' study. *Infant Behavior and Development*, **31**, 518-522.

Kawakami, K., Takai-Kawakami, K., Tomonaga, M., Suzuki, J., Kusaka, F., & Okai, T. (2006). Origins of smile and laughter: A preliminary study. *Early Human Development*, **82**, 61-66.

Kawakami, K., Takai-Kawakami, K., Tomonaga, M., Suzuki, J., Kusaka, F., & Okai, T. (2007). Spontaneous smile and spontaneous laugh: An intensive longitudinal case study. *Infant Behavior and Development*, **30**, 146-152.

高井清子．(2005). 自発的微笑・自発的笑いの発達：生後6日目〜6ヶ月までの1事例を通して．*日本周産期・新生児医学会雑誌*, **41**, 552-556.

高井清子・川上清文・岡井　崇．(2008). 自発的微笑・自発的笑いの発達（第2報）：生後2日目〜6カ月までの1事例を通して．*日本周産期・新生児医学会雑誌*, **44**, 74-79.

第1節　はじめに

1　川上ほか (Kawakami et al., 2006) について

ヒトの出生直後からみられる，睡眠中の笑顔である自発的微笑 (spontaneous smiling) の研究は，1960年代から70年代にかけて多くおこなわれた (たとえば，Emde & Harmon, 1972；Emde & Koenig, 1969a, 1969b；Emde et al., 1971；Spitz et al., 1970；Sroufe & Waters, 1976；Wolff, 1959, 1963)。当時の研究をまとめると，自発的微笑は低出生体重児がより多くみせる表情で，満期産児の場合，生後2，3カ月で減少する。そしてその時期に増加する，覚醒中に他者に対してみせる社会的微笑に移行すると考えられていた (たとえば，Kagan & Fox, 2006)。そのため，生後1カ月未満の新生児期からみられる笑顔として，笑顔の発達の第一段階ととらえられていたものの，その後は減少するべき表情であり，ともすると自発的微笑は発達的な未熟さのあらわれであるという認識すらあった。しかし，当時の研究には方法論上の限界が大きく3点あり，それらがすべてクリアされたものはほとんどないまま結論づけられていた。ちなみにこの微笑は，内因性の微笑 (endogenous smiling) や新生児微笑 (neonatal smiling) とも呼ばれる。前者よりも自発的微笑という用語が使われることが多いこと，後者はこの微笑が新生児期に特有の表情であるかのような誤解を生じさせることから，本稿では使用しない。

まず1点目の限界として，自発的微笑の定義が明確ではなかったことがあげられる。「笑顔」，「微笑」，「笑い」といえば誰もがイメージできるものではあるが，観察研究である限り，誰がみても同じように評定できる，形状と乳児の状態による定義が必要である。しかし，多くの研究にはそのような定義が言及されていない。最も明確な定義はウォルフ (Wolff, 1959) による，「口がゆっくりと穏やかに斜め上に引かれ，規則的な口の動きや他の顔の筋肉における収縮をともなわないもの」というものである。

2点目は，データの信頼性について考えるうえで重要なこととして，録画されたビデオデータによる分析ではなかったという点である。1960年代において，時代的に困難な部分であるため些末な問題ともとれるが，1点目の定義とあわ

せて考えた場合，非常に重要といえる。定義が明確にされていない行動を，繰り返し見直せない状況でカウントする方法は，観察データとして信頼に足るとは言い難い。加えてビデオデータによる分析の長所として，行動の継続時間を正確に計測できる点もあげることができる。動きが小さく，継続時間の短い行動である自発的微笑の観察には，ビデオをもちいた観察が非常に有効であることはいうまでもない。

　3点目は，頻度の発達的変化を追ったデータが不足していたことである。自発的微笑が生後2，3カ月で消滅するというこれまでの理解で，引用されることの多いスピッツほか（Spitz et al., 1970）の自発的微笑にかんするデータ（元となっているデータは Emde & Koenig, 1969a, 1969b）では，新生児期に浅い眠りである「レム睡眠やまどろみにおいて，100分に約11回の割合で生じる」（Spitz et al., 1970）とだけ述べられている。彼らは生後6週から12週には「同じ割合で生じるか，若干減少」し，とくにその終盤である10週から12週で「減少する」としている。これらの文献によって自発的微笑は生後2，3カ月で消えるというのは，根拠が乏しいといわざるをえない。

　川上ほか（Kawakami et al., 2006）は，その出版当時から40年ほど前にほとんど結論づけられていた自発的微笑という現象について，これらの3つの方法論上の問題点をクリアし，さらに新たな面に光をあてた最初の論文であるといえよう。その新たな面は少なくとも2つあり，1つは自発的微笑の出現部位が片頬から両頬へと発達的に変化することを示したことである。もうひとつは発声をともなう，自発的笑いという概念を見出したことにある。出現部位については，偶然にも同時期に自発的微笑の観察研究をおこなったメッシンジャーほか（Messinger et al., 2002）でも詳細に報告されていた。しかし，彼らの対象は生後直後の新生児のみであり，自発的微笑の形状にかんする詳細な分析を発達的側面にまで拡げることはなかった。自発的笑いはこれまで言及されてこなかった現象である。一般的に微笑は smile の訳としてあてられ，表情のみによる笑顔であり，笑いは laughter の訳に使われ，表情に笑い声をともなう笑顔であるとされている。自発的笑いは自発的微笑の強度として強いものと位置づけられるものなのか，それぞれ別のメカニズムによって生じるものなのか結論は出ていない。しかし，自発的微笑の進化と発達を考えるうえで，考慮すべき現象

である可能性がある。

　川上ほかによるこの論文は，定説化された概念を再考しただけでなく，重要な問題提起がなされているように思われる。それは，自発的微笑は生後2，3カ月で消える乳児による未熟な表情という認識に，データを示すことにより一石を投じようというものである。そのことは以下の2点にあらわれている。1つは，観察時間あたりの自発的微笑の頻度が明確ではないため頻度の発達的変化については述べられないが，生後2カ月でも20回の自発的微笑がみられていることである。2点目は，生後2カ月まで月齢を経るごとに出現部位に変化が生じ，両頬の自発的微笑が増えるという発達的変化に言及している部分である。これらから読みとれるのは，縦断的な観察を積み重ねれば，おそらく3カ月以降も（両頬における）自発的微笑が少なからずみられ，消滅することはないであろうという隠されたメッセージである。2000年前後まで考えられていなかった，前述のニホンザルにおける自発的微笑の目撃に端を発し，自発的微笑の常識を疑うというその後の研究につながった。自発的微笑にかんするその後の研究や笑顔の初期発達については，川上ほか（2012）に詳しい。

2　その後の研究

　以降は筆者自身（川上文人）がおこなった研究を中心に触れていく。ヒトの笑顔の発達については川上（2014）にも図表を含めて述べている。なお，現時点で筆者は微笑と笑いの機能に明確な違いを見出せていないため，笑顔，微笑，ほほ笑み，笑いといったことばを区別なくもちいる。どれもヒトの場合，唇の端が上がることを指す。

第2節　ヒトの笑顔の初期発達

1　ヒトは胎内でも笑う

　ヒトの自発的微笑について観察の対象としたのは，胎児（Kawakami & Yanaihara, 2012参照）と1歳児（Kawakami et al., 2009参照）であった。自発的微笑の定義は，川上ほか（Kawakami et al., 2006）を基本的に踏襲している。胎児研究，1歳児研究の順に説明したい。

胎児を対象に自発的微笑を観察した例はこれまでなかったが,「自発的微笑の常識を疑う」という視点からみると, 胎児を対象に観察することは実は常識的なことであるといえる。エムデほか（Emde et al., 1971）は早産児と満期産児を対象に観察をおこない, 早産児の方がより多くの自発的微笑をみせたことを示している。川上ほか（Kawakami et al., 2008）も22名の低出生体重児を対象とし, 95回の自発的微笑を観察している。

　胎児の発達段階は早産児と大きく変わらないと考えられるため, 胎児に自発的微笑がみられるであろうと想定することは理にかなっていた。胎児を対象とした自発的微笑の観察例がなかったのは, 単純に動画で胎内の様子を録画し, 観察する方法がなかったためである。2019年現在では４次元超音波診断装置による胎児の観察は一般的であるが, この研究を進めていた2010年前後では最先端といえる技術であった。先見の明をもつ矢内原巧博士による協力なしにはありえない研究である。「ヒトはいつから笑顔をみせるのだろうか？」という問いに挑んだ。

　繰り返しになるが, 自発的微笑は睡眠中に, 内的外的刺激なしに唇の端が上がる状態である。胎児に唇の端が上がる行動がみられた場合, それが睡眠中に刺激が与えられることなしに生じたと証明する術はない。４次元超音波診断装置の場合, 唇の端の動きをみることができる程度には鮮明な画像が得られるが, まぶたの開閉や睡眠の状態を判定することは非常に困難である。加えて, 外的な刺激は強烈な光や音刺激を撮影中に与えないようにすれば制限できるが, 内的刺激（例としてとくにありうるものは排尿）が生じていなかったか, 画像から判断することはできない。４次元超音波の画像を見た経験のある方々には理解されることであろうが, 胎児が寝ていて, ほとんど動かない状態でなければ鮮明な表情画像は得られない。そのため１つ目の睡眠にかんする問題は実質的にはクリアできるが, 内的刺激については除外しきれない。よって, 正確にはこの研究は胎児の「微笑」の研究であり,「自発的微笑」であるかどうかの議論はできない。それを踏まえたうえでここでは便宜上, 胎児の自発的微笑として扱う。

　のべ568名の胎児における17時間を超える画像を分析した結果, 31名（平均週齢23.84週）に51回の自発的微笑を観察した。在胎週齢による自発的微笑頻度

や継続時間の差はみられなかった。この研究のポイントは「ヒトはいつから笑顔をみせるのだろうか？」という問いであった。その答えは「胎児のときから」となる。「胎児は楽しくて笑っているのだろうか？」，「胎児はなぜ笑っているのだろうか？」という問いには，いまだ残念ながら答えられない。しかし，より養育を必要とする低出生体重児や月齢の低い新生児に自発的微笑は比較的多くみられることから，養育者による養育行動を引き出すため，自分を守るために本能的にみせる表情であるという説の反証にはなるだろう。なぜなら，胎児の表情は本来，養育者には見えないものであるためである。時間あたりの頻度をみても明らかなように，4次元超音波の装置があっても胎児の微笑を見るのは容易ではない。17時間の画像は胎児が比較的安静で，顔が見える位置にあった場合に撮影されたものであり，そのような好条件がそろうのも稀である。つまり，私たちはおそらく胎児の微笑の多くを見逃している。胎児は彼らを見る人のために笑っているのではなく，自身の何らかの理由によって笑っていると考えるのが自然であろう。胎児の微笑は，出生後の新生児の自発的微笑とほぼ同じものであると考えられる。この解釈が胎児にだけ当てはまり，出生後の乳児に当てはまらないと考えるのは不自然であろう。

2 ヒトは1歳を過ぎても寝ながら笑う

1歳児を対象とした睡眠中の自発的微笑の観察は，自発的微笑に関心をもつ研究者の多くには非常識であるといわれるのではないだろうか。生後2, 3カ月以降の自発的微笑を観察しているのは，自発的微笑研究の先駆であるウォルフ（Wolff, 1963）くらいである。2000年代に入り，縦断的なケーススタディにより，生後6カ月でも自発的微笑がみられることがわかってきた（Kawakami et al., 2007；高井, 2005；高井ほか, 2008）。6カ月でも消える様子がみられなかったことから，少々過激に1歳前後の乳児を対象とした観察を計画した。「ヒトはいつまで寝ながら笑うのだろうか？」

保育園の0歳児クラスにおいて，1歳前後の乳児5名の昼寝を縦断的に撮影した。その結果，合計30時間で8回の自発的微笑がみられた。最も日齢の高い乳児による自発的微笑は，生後459日目（15カ月）の乳児によるものであった。自発的微笑は2, 3カ月で社会的微笑に取って代わられるというこれまでの説

は何だったのだろう。同様の方法をもちいた研究で比較した場合，低出生体重児は22時間の観察で95回（Kawakami et al., 2008），満期産の新生児では10時間で24回（Kawakami et al., 2006）であったため，観察時間あたりの自発的微笑の頻度は明らかに減少しているといえる。しかし，1回の微笑の平均継続時間は3.05秒（$SD = 1.61$）であり，低出生体重児の3.28秒，満期産児の1.97秒と比較しても十分長い。頻度は少なくても，見逃すようなものではないのである。

　頻度の減少の原因は明確ではない。現時点では2つの排他的ではない原因が考えられる。1つは自発的微笑が生じる条件である浅い眠り（レム睡眠）の睡眠時間全体における割合が，発達にともない減少すること（Kohyama et al., 1997）が影響している可能性がある。観察時間におけるレム睡眠の時間を特定する必要があるが，現状できていない。もうひとつは，自発的微笑が後の社会的微笑のために，頬の筋肉を発達させる効果があるとした場合，月齢の上昇にともない不要になるという可能性もある。こちらについては決定的なデータがなく，どちらともいえない。自発的微笑を多くみせた子どもは，早期から社会的微笑をみせる，または多くの社会的微笑をみせるといった，両微笑の関係を明らかにするデータが，理解の一助となろう。ほかにも脳発達との関係も探るべきだが，1970年代から明確な進歩は遂げていない。

　1歳児の研究のポイントは，「ヒトはいつまで寝ながら笑うのだろうか？」という問いへのこれまでの答えが誤っていたことを示した部分にある。生後2，3カ月で消えるどころか，6カ月でも，1歳を過ぎても消えない。筆者は30歳を過ぎて，睡眠中の自分の笑い声で起きたことがある。おそらくこれまでの自発的微笑の解釈は，思い込みに支配されていた部分があった。観察時間における自発的微笑は減少し，2，3カ月を過ぎるとほとんどみられないように思える。ちょうどその時期に覚醒中の社会的微笑が増加してくるため，自発的微笑は社会的微笑に取って代わられたのだ，という誤解である。それは笑顔の初期発達として，わかりやすいストーリーである。しかし，実際はそれほど単純ではない。自発的微笑と社会的微笑は長く共存し，お互いの関係は明確ではない（ふたつの微笑の共存については，池田（2018）のケーススタディも参照）。自発的微笑の機能も明らかではないため，「発達的な未熟さのあらわれ」といえる根拠もない。重要なのは，わかりやすさにとらわれず，しっかり観察し続けるこ

となのではないだろうか。思い込みにより，ほかにも私たちが見逃している現象があることだろう。

ここまでをまとめると，ヒトの自発的微笑はみればみるほど，その現象がよくわからないものであることがわかってきた。胎児も新生児も1歳児も，そして成人も寝ながら笑う。見た目の現象としてはどれもほとんど同一であるといえる。睡眠中に刺激によらず唇の端が上がったとすれば，それは自発的微笑である。しかし当然のことながら，胎児や1歳児がみせたものと，成人のものが同じメカニズムによって生じているという保証はない。夢の影響もあるだろう。ヒトはいつから夢をみるのか。それを見た目の観察のみから解き明かすことは不可能である。まずは観察により埋めることができる論理の穴を埋める研究が必要である。

3 ヒトの社会的微笑の発達

普段私たちが「笑顔」と聞いて想像するのは，覚醒中に対人関係において生じる笑顔である，社会的微笑であろう。「ヒトはいつごろから起きているときに笑うのだろうか？」ウォルフ（Wolff, 1963）は生後0週から，子どもによっては社会的微笑が生じることを示している。週齢により，社会的微笑を誘発するのに有効な刺激は変化するが（たとえば，Emde & Harmon, 1972；Spitz et al., 1970；Sroufe & Waters, 1976；Wolff, 1963），一般的にそのような笑顔が増加するのは生後2，3カ月であると考えられている（たとえば，Ambrose, 1961；Gewirts, 1965）。しかし，その後の社会的微笑の発達にかんする研究は，非常に少ない。おそらくそれは，笑顔は快感情の表れであり，それ以外のものではないという誤解が影響している。

ある日，友人家族を家に招いたとき，彼らの1歳台の娘とゆっくり接する機会があった。彼女ははじめ，知らない場所，私を含む知らないおとなに困惑していたようだが，彼女の両親がその知らないおとなと友好的な雰囲気で会話するのをみて，少しずつ安心感をいだいていったように見受けられた。実はその日，彼女の周りにいたおとなの多くは（運の悪いことに）発達心理学者であり，会話が途切れると視線は彼女に向けられ，「慣れてきたかな？」などと声をかけられた。そのたびに彼女は笑顔を返していた。「困ったなぁ」といわんばか

社会的微笑

りに。

　もちろん，なぜこの1歳の女の子が笑顔をみせていたのか，正確にはわからない。しかし，泣くほど不快でも，笑うほど快でもないであろうこの状況から考えて，彼女が楽しくて笑顔をみせたのではなく，笑顔を社交的に「使っていた」のは明らかであると感じた。私たちは勝手に，困り笑いや照れ笑いなどと名づけるが，このように私たちはさまざまな場面で笑顔をみせるのではないだろうか。ときには緊張していても，失敗していても，いわれていることが理解できなくても，私たちは笑う。

4　ヒトの笑顔の種類にかんする研究

　おとなの笑顔の種類については，心理学と解剖学を組み合わせた感情の心理学の分野と，精神医学の分野から考えられている。感情心理学における表情研究の第一人者であるエクマンとフリーセン（Ekman & Friesen, 1982）が，彼らのこれまでの実験や観察の結果から，「本当の笑顔（felt smiles）」，「作り笑顔（false smiles）」，「不幸な笑顔（miserable smiles）」という3つに笑顔を分類している。「本当の笑顔」を表出している人は，快感情をいだいていると報告するであろうとされる。「作り笑顔」は，本当は快ではないときに，快感情をい

第3章　笑顔の発達と進化　61

だいているように他者に感じさせるものである。「作り笑顔」はさらに「偽笑顔（phony smiles）」と「隠し笑顔（masking smiles）」に分けられる。前者は何も感じていないのに快であるかのようにみせるもので，後者は強い不快感情をみえなくし，快であるようにみせるものといえる。最後の「不幸な笑顔」は，一切の快感情をもつことなく，快感情をもっているようにみせようとする笑顔でもないというものである。状況がひどすぎて，もう笑うしかないというようなときの笑顔といえる。

　さらにエクマン（Ekman, 2009）は，「50種類以上の笑顔を区別することができる」としている。エクマンらの研究は，主に顔の形状の違いに着目して笑顔の分類をおこなったものである。形だけでそれほど細かく笑顔を分類できるというのは，途方もない精度の高さである。問題は，実験室で実施された研究が多く，日常場面での観察データが乏しいことにある。実際にはさらに多様な状況がありえ，それにより細かな笑顔の分類が可能なのかもしれない。加えて問題として感じるのは，エクマン（Ekman, 2009）の50種類という言及がデータに依拠していないようにみえることである。

　精神医学の分野からは志水（2000）が11種類の笑顔の分類を提案している。11種類は「快の笑い」，「社交上の笑い」，「緊張緩和の笑い」という3つに大きく分類されている。この分類の特徴は，笑顔を顔の形状ではなく生じる場面により分類している点にある。しかし，組織的な観察によるものではなく，著者の日常における観察によって分類されている点が問題である。データにもとづくものではないため，この分類で必要十分であるか，どの笑顔が多くみられるかといった疑問に答えられるものではない。

5　ヒトの笑顔は2歳ごろから多様に

　ヒトがさまざまな場面で笑顔をみせるのは確からしいが，そのような笑顔の多様化がいつごろはじまるのかを探った研究は少ない。「ヒトはいつごろから，さまざまな場面で笑顔をみせるようになるのだろうか？」という疑問に答えるため，そのような多様化が生じそうな1，2歳児を都内の保育園で観察した（詳細は Kawakami & Tokosumi, 2011 参照）。

　1歳児11名，2歳児11名の自由時間の様子を，1名につき連続30分間，ビデ

オを持った観察者が0.5mから2mの距離で撮影した。自由時間を対象としたのは，保育士を中心としたおとなによる子どもへの関与が限られる状態で，子どもたちの自然で自発的な反応をみたいと考えたためである。その自然な反応をみるためには，観察者の存在は障がいとなる。そのため，観察者は撮影開始までに数週間にわたって保育園の対象クラスに通い，子どもが部外者に感じるであろう不信感や興味を極力減じさせる努力をした。そして撮影中は，観察者が対象児に直接的にも間接的にもかかわらないことによって，影響を最小限に抑えた。この操作には限界があるが，最も注意すべきことは観察者が対象児に主体的にかかわり，笑顔を生じさせたりしないことである。観察者が笑わせ続けたとした場合，子どもがみせた笑顔の種類は「おとなが滑稽なことをしたことによる笑い」に限られてしまい，データが偏ってしまうだろう。

　この研究のポイントは2つあり，1つは子どもがどのようなときに笑うのかを探ることである。そして2つ目は，その笑顔が生じる場面に年齢による違いがあるのか，すなわち発達的変化がみられるのかを調べることにある。そのためには笑顔をできる限り広く定義する必要がある。それは非常に単純に，笑顔を「唇の端が上がること」と定義することで可能となる。

　研究の1つ目のポイントについては，笑顔が生じた場面をできるだけ詳細に記述し，分類することで調べることができる。当初，筆者は子どもがどのようなときに笑うのかについて，その原因を子どもが感じているであろう感情にもとづいて考察し，笑顔の分類をおこなおうと考えた。しかし，指導教員であった徃住彰文博士からストップがかかった。「川上さんは超能力者じゃないのだから子どもの心を勝手に読んで，なぜ笑っているかを決めてはダメですよ」この一言は当時観察研究の分析に不慣れであった筆者にとって，非常に大きな影響力をもった。その助言が，観察をおこなう研究者ではない徃住博士によってもたらされたのは興味深い。徃住博士の関心はおそらく，ヒトの感性を機械可読な形で分析し人工知能に寄与することにあり，ある観察者が子どもの感情を解釈した，主観的なデータは役に立たないと感じたのであろう。それはデータの客観性が重要な心理学の研究において，あまりに基本的で重大な助言であった。観察者による解釈を除外するため，この研究以降は目に見える行動と状況，聞こえる発話のみをチェックするリストを作成し，そのチェック項目にもとづ

いて笑顔を分類するという方法をとった。リストの項目は必要に応じて増加させていったが，客観的に判断できる項目に限っており，解釈をともなうものは排除していた。この分類法であれば，撮影したビデオを誰がみても同じように状況を記述し，笑顔を分類できるはずである。

　22名の1，2歳児を対象に10時間37分観察した結果，417回の笑顔がみられた。その笑顔は11種類に分類することができた。本来すべての笑顔を説明すべきだが冗長になるため，年齢差がみられたもののみ説明する。1歳児が2歳児よりも多くみせたのは，「移動笑い」であった。移動笑いは，目標のない移動中の笑いである。目標の有無は，移動が終わった際に物や他者とかかわりをもったか否かによって判断した。ひとりでハイハイをしながら笑っていたとしたら，移動笑いになる。2歳児が1歳児よりも多くみせた笑顔は2つあり，1つは「同調笑い」，もうひとつは「行為失敗笑い」であった。同調笑いは，子どもがその周囲2m以内にいた他者を見ながら笑い，その他者も笑っていた場合の笑いである。たとえば，ふたり以上で遊んでいて，ふたりとも笑っている状態である。行為失敗笑いは，子どもとその周囲2m以内にいた他者が一緒につくっていた物が壊れたり，物を落としたり，自分または他者が転んだり，自分の失敗を他者に言語報告した際に笑っていた場合の笑いである。積み木で塔をつくっていたにもかかわらず，それが倒れてしまって笑ったという例があった。

　この結果から1，2歳児はどのようなときに笑顔をみせるといえるのだろうか。まず1歳児がより多く移動笑いをみせたということから，単にハイハイをしたり，歩いたりすることも，月齢の低い子どもには特別なことであったということが示唆される。笑顔をみせたからといって快感情をともなっていたとは限らないが，ハイハイや歩くといった移動による充実感やそれをおとなにほめられた記憶がこのような笑顔を生じさせたのではと解釈される。一方2歳児には，移動はすでに慣れたことであるので，それだけでは感情変化はもたらされないのだろう。

　2歳児が同調笑いを多くみせたということから，月齢が高くなることによって他者と笑い合うことが増加するという発達がみてとれる。笑顔が原因となっているか，結果としてあるのか判断することはできないが，笑顔を通じて他者

と感情や事物への注意を共有するようになることを示唆している。

さらに2歳児が行為失敗笑いを多くみせたことから，子どもは徐々に単純な快場面とはいえない失敗場面でも笑顔をみせるようになることがわかる。遊んでいた物が壊れたり，落ちたり，誰かが転んだりした状況が，子どもにとってどれほど深刻な失敗状況といえるのかは判断できない。場合によっては，積み木で塔をつくりながらも，意図的に倒し，その「ガシャーン」という音を盛大に出して楽しんでいたようにみえることもあった。これが「失敗」といえるのか難しいところではある（見方によっては目的達成で「成功」なのかもしれない）。しかし，物が崩れることを失敗と定義しており，少なくともそのような場面での笑顔が2歳児で多かったということはいえる。つまり，笑顔が生じる場面が多様化しているということになる。

この研究は，「ヒトはいつごろから，さまざまな場面で笑顔をみせるようになるのだろうか？」という疑問からはじまった。その答えは，1歳から2歳にかけて，笑顔は個人的なものから他者と共有するものへ，そして単なる快感情の表出からより多様な感情を含みうるものへと発達していくというものである。その背後にあるのは言語や社会性の発達であろう。実際に，言語発達の比較的進んだ子どもは同調笑いを，他者と遊んでいる時間が長かった子どもは同調笑いや行為失敗笑いを多くみせた。この研究にはとくに笑顔の定義や命名について，改善の余地はあるように思う。「勝手に解釈をしない」という基本を忘れずに，できる限り単純にすべきであろう。

6　日本人の子どもは成功しても失敗しても同じように笑う

ヒトは2歳ごろになると，失敗場面でも笑顔をみせるようになる。そのようにさまざまな場面で笑顔をみせるのは世界共通なのだろうか。正確な比較データはもたないが，日本語には苦笑い，はにかみ笑い，嘲笑，愛想笑い，泣き笑いなど，笑顔にかんすることばが多いといわれる。前述の自発的微笑（spontaneous smiling）の話を海外ですると，「子どもは寝ていて，楽しいと感じているとは限らないのに微笑（smiling）というのはおかしい」といわれることがある。それは，微笑は快感情と結びつくものであり，快感情が生じているとは思えない状況を「微笑」というのは不自然であるという主張である。自発的微笑

を含め，筆者は笑顔を「唇の端が上がった状態」と定義しており，ともなう感情は問題としていない。しかしもう一点気になるのは，笑顔は快感情と「だけ」結びついているという誤解である。2歳児の行為失敗笑いにかんする発表を海外でおこなった際，「確かに私たちは失敗したときにも笑うよね」とコメントされたことがある。おそらくそれは日本人にとっては比較的当然という印象だろう。それが2歳児くらいからはじまるということを示して，ようやく「発見」らしくなる。

　日本人がさまざまな場面で笑顔をみせることが，欧米文化の人々を困惑させることがあるようだ。19世紀末の日本を紹介した小説家のラフカディオ・ハーン（Hearn, 1894/2005）は，日本在住のヨーロッパ人女性のエピソードを紹介している。彼女の日本人の使用人が夫を亡くし，葬儀のために仕事を休む許可を得るための相談にきた際，その使用人は笑顔をみせたという。ヨーロッパ人女性にとっては，夫を亡くして悲しいはずの使用人が笑顔をみせることが理解できなかったのであろう。ハーンは日本人の笑顔を美しい礼儀作法としているが，欧米文化の人々には理解しがたいようだ。21世紀においても同様で，ネガティブな状況で日本人が笑顔をみせることがアメリカ人にとっては不可解であるとされる（LaFrance, 2011）。

　「さまざまな場面，とくにネガティブな状況で笑顔をみせるのは日本人だけなのだろうか？」40名の4歳から5歳の日本人とアメリカ人の子どもを対象に，笑顔の比較をおこなった。感情発達研究の第一人者であるアメリカ，ラトガース大学のマイケル・ルイス博士との共同研究である。ルイスほか（Lewis et al., 2010）による恥と誇り感情の日米比較実験のビデオを，笑顔に注目し再分析した。子どもたちに実験室に来てもらい，ひとりずつ女性実験者の前で，制限時間内にステッカーを台紙に貼る課題に取り組んでもらった。子どもたちには申し訳ないことだが，課題はあらかじめ決められた順番で，子どもたちが成功や失敗を経験するようにコントロールされていた。彼らが他者の前で喜ぶ，または悔しがる反応をみるためである。課題終了後に，失敗したのは時計が壊れていたためで，子どもたちはよくできていたと説明した。理想的な方法とはいえないが，子どもたちは最終的には友好的な様子で帰っていったと信じている。

　まず重要な結果として，日本人の子どももアメリカ人の子どもも，成功場面

でも失敗場面でも多くの笑顔をみせた。しかし，その笑顔の出方に違いがみられた。アメリカ人は成功での方が失敗よりも多く，長く笑顔をみせたのに対し，日本人は両場面で同じように笑顔をみせたのである。そして，全体としてアメリカ人は課題が終わるとすぐに笑顔をみせたが，日本人は比較的，笑顔をみせるまでの時間が長かった。

「さまざまな場面，とくにネガティブな状況で笑顔をみせるのは日本人だけなのだろうか？」という問いへの答えは，日本人だけではなくアメリカ人もネガティブ条件で笑顔をみせるというものとなる。ではなぜ，日本人の笑顔は不可解という印象を欧米人に与えるのであろう。この研究の結果から考えると，アメリカ人の子どもは課題の成果を素直に反映して，笑顔をみせていた。課題に成功するとうれしいので笑い，失敗すると悔しいので笑いが少なくなる。そしてその笑顔をすぐにみせるので，反応がわかりやすい。一方，日本人の子どもは，課題の成果にかかわらず同じように笑った。目の前に実験者がいたため，成功しても喜びすぎず，失敗しても悔しがりすぎないように調整していたのかもしれない。そしてその笑顔をみせるまでの時間が比較的長いため，それをみたアメリカ人は，「日本人はなかなか笑わない」と感じるのではないだろうか。これらから，アメリカ人の子どもは自分の感情を反映し，個人的動機から笑顔をみせるのに対し，日本人の子どもは他者の存在をより意識し，社会的に笑顔をみせていたと解釈している。

　課題に成功した条件のように快感情が喚起されうる場面でも，失敗して不快感情が喚起されうる場面でも，ヒトの子どもが他者に対して笑顔をみせるというのはある程度，普遍的といえるかもしれない。その笑顔のみせ方に違いがあるというのは，エクマン（Ekman, 1972）の唱える表情の「表示規則」の違いによると考えられる。表情表出の規則には文化や習慣によって違いがあり，たとえばどのような場面でどのように笑うのが適切かは文化によって異なるという考え方である。文化というと国ごとに異なるというイメージをもちがちであるが，実際には国の中でも地域や世代などにより多様であり，より小さな範囲で規定されているものだろう（この研究と矛盾するが，日米というのはかなり広い区分であり，そこにみられた違いを「文化差」とひとくくりにしてよいものか悩ましい）。その表示規則の発達が，4，5歳からみられることを示したデータ

ともいえる。

　この違いには，保護者の子どもに対するかかわり方のスタイルの文化的な違いが影響しているのかもしれない。日本の保護者は子どもが早期に自分の感情を制御できるようになることや，他者との調和がとれるようになることを重視するのに対し，アメリカの保護者は言語による主張を重視するとされる（Hess et al., 1980）。日本人の子どもの笑顔は成功と失敗の差がみられなかったことから，成功の快感情は抑えられ，失敗の不快感情は隠すのに笑顔が使われていたと考えることができる。対してアメリカ人の子どもの笑顔は成功で多く，失敗で減少したことから，それぞれの場面における感情が主張されていたと考えられる。この研究の結果を，より他者を意識して笑顔を表出する日本人の子どもと，自己の感情を主張するアメリカ人の子どもとみると，ヘスほか（Hess et al., 1980）に矛盾しない。

7　ヒトにおける笑顔の発達から進化へ

　ここまで，ヒトの笑顔の初期発達を探ってきた。ヒトは胎児のときから笑顔をみせ，出生直後から睡眠中の自発的微笑が多く観察される。自発的微笑は1歳を過ぎても消えず，生後2，3カ月で増加してくる通常の笑顔といえる，覚醒中の社会的微笑と共存する。社会的微笑は快感情の表れとして使われるものから，2歳ごろになると他者と感情を共有するものとして使われるだけでなく，失敗場面を含む多様な場面で使われるようになってくる。その後，4，5歳では文化差までみられる。笑顔を観察すると，対人関係の発達や，たとえば日本の文化的な特徴もわかるようだ。日本のことを知るには，もちろん日本人を観察しなければならないが，実は日本人だけをみていてもその特徴はみえてこない。日本と他の文化を比較することで特徴が浮き出てくる。ヒトの笑顔の初期発達が少しみえてきたところで，それがヒトに特徴的なことなのかを知るためには，他の種と比較しなければならない。比較するのであれば，最も進化的にヒトに近い種から探るのが特徴を浮き彫りにしやすい。遠い種が笑わないとした場合，それで笑うのはヒトだけだというのは明らかに危険である。ここからはヒトの最近縁種であるチンパンジーの笑顔をみていく。京都大学霊長類研究所の松沢哲郎博士と友永雅己博士の研究室にて，チンパンジーを中心とした比

較認知科学研究にたずさわり，観察をおこなった。

第3節　チンパンジーはどのように笑うのか

1　チンパンジーの生活

　チンパンジーの笑顔を理解するためには，チンパンジーの生活をある程度踏まえておく必要があるだろう。まずは簡単にチンパンジーについて紹介したい。ヒト科に分類される動物はヒトを含め4属あり，ヒト属に近い順に，チンパンジー属（チンパンジー，ボノボ），ゴリラ属（ニシゴリラ，ヒガシゴリラ），オランウータン属（ボルネオオランウータン，スマトラオランウータン，タパヌリオランウータン）がいる。ヒトとチンパンジーやボノボは約600万年前に共通祖先からわかれ，それぞれの環境に適応するように進化してきた。ヒトは森から離れ，草原でも生きられるように地上での生活に適応した。チンパンジーやボノボはそれまでの多くの霊長類と同じように基本的には森にとどまり，樹上での生活に適した生き方をしている。野生のチンパンジーはアフリカ大陸の赤道付近にのみくらす。10個体から150個体ほどの男女混合のグループをつくり，日によって5個体前後の小さなグループにわかれ食事や休憩を繰り返す。地域にもよるが，活動時間の47%が食事，13%が食物源（多くの場合，樹木）への移動とされる（Wrangham & Smuts, 1980）。彼らの食べ物の約60%は果実である（Yamakoshi, 1998）。チンパンジーの寿命は50年ほどで，男性は生まれたグループにとどまり，女性は10代前半の妊娠可能な年代になるとグループを離れ，別のグループに移籍する。グループ間でメンバーの交流がおこなわれることで，遺伝的多様性が確保されている。

　チンパンジーの子育ての仕方はヒトと異なる部分があり，授乳期間はヒトの1年程度より長く，3.5から4.5年であり，最初の3カ月は母親が文字どおり肌身離さず抱き続ける（van Lawick-Goodall, 1968）。チンパンジーの母子間の距離が近いのは，日々の移動が多く，就寝場所も不安定な樹上であるという生活面の影響もあろうが，乳児の姿勢の影響もあると考えられている。ヒトの乳児は仰向けで寝かせた場合，安定的に寝ていられるが，チンパンジーやオランウータンの場合，手足をばたつかせ安定しない（Matsuzawa, 2006；Takeshita et al.,

2009)。ヒトの乳児はひとりで寝かせておいて,そこから保護者が離れることができるが,チンパンジーの母親は常に一緒にいなければならない。

ヒトとチンパンジーの子育ての相違点はほかにもある。チンパンジーはペアをつくらず基本的に母親だけが育児をおこない,他にかかわるのはきょうだいや限られた他個体に限定される。ヒトの場合,母親と父親,その他の家族,場合によっては社会に託される。チンパンジーではグループ内に男性が複数いるため,子どもの父親が明確ではなく,おそらく男性には「自分の子ども」という意識がない。それでも,他のグループとの争いなどで,男性が自分のグループの子どもを守る。前述のように,女性はグループを離れるのに対し,男性は生まれたグループにとどまるため,グループ内の男性同士には血縁関係がある。よって,男性にとってはそこで生まれた子どもは自分の子どもかもしれないし,きょうだいかもしれないし,甥や姪かもしれない。いずれにせよグループ内の子どもとは血縁関係があり,守るべき対象なのである。

2 チンパンジーの笑顔の初期発達はヒトと同じ

「チンパンジーは笑うのだろうか？」結論からいうと,ヒトと少し形が違うものの,ヒトと同じようにおそらく楽しいときに笑顔をみせる。そもそもヒト以外の種の表情に初めて光をあてたのは,進化論を唱えたチャールズ・ダーウィンである。彼は,チンパンジーがときには声を発して笑うことを示している (Darwin, 1872)。その100年後,ヤン・ファン・ホーフがヒト以外の霊長類の表情と,ヒトの笑顔との関係に仮説を示した。彼は,ヒト以外の霊長類の主に遊びのときにみられる,口を円く開けた表情を「リラックスした口開け表情 (relaxed open-mouth display,または play face とも呼ばれる,以下,口開け表情とする)」とし,それがヒトにおいて愉楽的な笑い (laughter) につながるとした (van Hooff, 1972)。そして,ヒト以外の霊長類が多くの場合,他者への服従のサインとしてもちいる,上下の歯をむき出した表情を「声をともなわない歯出し表情 (silent bared-teeth display,または grimace とも呼ばれる,以下,歯出し表情とする)」とし,それがヒトにおいて社交的な場面で使われる微笑 (smiling) につながるとした (van Hooff, 1972)。この仮説は,修正の必要性には迫られているものの (松阪, 2008),いまだに有力な説とされる。

ファン・ホーフの形状による表情の命名は，それが生起する状況による制限をともなわないため，非常に有効であると感じる。口開け表情は英語ではplay faceとも呼ばれるが，それでは遊び場面でしか生じない表情であるかのような印象を与えてしまう。ヒトは失敗場面でも笑うのに，笑顔を「喜び顔」と命名しているようなものだ。ファン・ホーフの表情の命名は正確ではあるものの，ヒトとの比較で考えるうえでは，ヒトとヒト以外の霊長類の表情を同じ用語で語った方がわかりやすい。そのため以下ではとくに断らない限り，口開け表情を便宜的に笑顔や社会的微笑とする。歯出し表情は，ヒトの表情でそれにあたるものがないため，そのままもちいる。

　ここまでの話は年齢を問題としない，チンパンジーの笑顔の全般的な記述である。ここからはヒトの笑顔の初期発達と，チンパンジーの笑顔を照らし合わせてみよう。問いは「生まれてしばらくの笑顔は，ヒトとチンパンジーで同じなのだろうか？」である。胎児，自発的微笑，社会的微笑の順で簡単に述べる。

　まずチンパンジーの胎児の笑顔だが，残念ながら観察データがない。非常に貴重な，チンパンジーの胎児を観察した4次元超音波のデータ（Takeshita et al., 2006）があるが，表情は分析の主たる対象ではなかった。自発的微笑については0週から15週まで，京都大学霊長類研究所にくらす3個体の新生児（アユム，クレオ，パル）とその母親の夜間の様子を観察した水野ほか（Mizuno et al., 2006）によって詳細に述べられている。彼らは3母子をそれぞれ300時間前後観察し，レム睡眠中に60回の自発的微笑を報告している。生後0週から7週と8週から15週を比較すると，前半にほとんどの自発的微笑が集中しており，生後2カ月以降にはみられなかった。それと入れ替わるように生後6週以降，目を開けて母親を見て笑う，社会的微笑が増加することも示している。社会的微笑については，筆者が日本モンキーセンターに生まれたチンパンジーの乳児，マモルの日中の行動を縦断的に観察したデータとも一致している。マモルは生後10週まで笑顔をみせなかった。

　「生まれてしばらくの笑顔は，ヒトとチンパンジーで同じなのだろうか？」という問いへの答えは，かなり似ているといえる。ともに出生直後から寝ながら笑い，生後2カ月前後から覚醒中の笑顔が増えてくる。笑顔の初期発達は，ヒトとチンパンジーで共有されているといえる。では，その後はどうなのだろ

うか（川上ほか（2015）には写真も掲載している）。

3　チンパンジーは笑う場面が限られている

ヒトでは2歳以降，失敗場面でも笑顔がみられるようになり，笑顔が快感情とだけでなくさまざまな感情と結びつくようになる。加えて，他者と笑い合うという笑顔の共有も増えてくる。「チンパンジーもさまざまな場面で笑顔をみせるのだろうか？」，そして「チンパンジーも他者と笑い合うのだろうか？」という問いを検討する。筆者は飼育下のチンパンジーを中心に，合計400時間程度，チンパンジーの行動のビデオ撮影をおこなっている。以下はビデオの一部を分析した経過報告であり，データとして不十分であることを断っておく必要がある。

京都大学霊長類研究所にくらす13個体，高知県立のいち動物公園にくらす9個体，そして日本モンキーセンターにくらす3個体のチンパンジーを撮影したビデオを分析した。チンパンジーの発達段階は，0から4歳の乳児期，4から9歳の子ども期，9から14, 15歳の青年期，そしてそれ以上のおとな期に分類される（Hamada & Udono, 2006）。撮影した時点で，どの施設にも青年期以下の個体がいた。飼育下の動物を語る際，必ず言及するべきはその飼育環境である。飼育環境が悪ければその動物の本来の能力が発揮されず，実態を探るのに不適切である。飼育環境の良し悪しは，どれほどその動物の野生環境に近づけられているかで判断することができる。もちろんそうはいっても，日本の環境ではアフリカの森をそのまま再現するには多くの制約がある。ここに挙げた3施設は，チンパンジーの生活がよりよくなるよう，日々努力がなされている施設である。各施設は十分な広さのある運動場を有し，樹上生活が再現できるよう木々が茂り，高い構造物がおかれ，チンパンジーたちは複数の個体で社会的に生活していた。子育てが母親によってなされていたことも，非常に重要である。

グループで生活するチンパンジーを1個体につき連続10分，ビデオ撮影し，それを縦断的に繰り返した。運動場での自由時間を対象とした。1回の撮影時間や撮影距離は異なるものの，1歳から2歳のヒトの子どもを対象とした保育園での観察に近い方法をとった（3章2節5参照）。ここでの報告は52時間分の

ビデオデータによるものである。その中に103回の笑顔がみられた。笑顔の多くは9歳以下の乳児や子どもにみられ，青年やおとなの笑顔は少なかった。

どのような場面で笑顔が生じたかを分析すると，遊び場面と，ある個体が仰向けで乳児や子どもの四肢の一部をつかんで持ち上げる「高い高い」の場面に限られていた。遊びは，「単独，または複数でおこなう非攻撃的な動的行動で，グルーミングなどの社会的行動や授乳などの養育行動と異なるもの」と定義している。遊びは非常に多義的で定義が難しい行動である。ここでは，遊びをほかの非攻撃的行動と区別することで定義しており課題が残る。より個別的な行動で定義することが必要であろう。「チンパンジーもさまざまな場面で笑顔をみせるのだろうか？」という問いを検討すると，ヒトの子どもと比較して笑顔が生じる文脈が限られているのは確からしい。少なくとも，ネガティブな場面ではチンパンジーは笑顔をみせないようである。

4 チンパンジーは他者と笑い合うのか

「高い高い」は，この観察では母親が乳児に対してのみおこなったため，養育行動のひとつに分類している。「高い高い」は「ヒコーキ」とも呼ばれ，チンパンジー（松沢，2010；Nishida, 1983）やボノボ（Enomoto, 1990；Palagi, 2006）で観察例がある。この行動はチンパンジーの笑顔をみるうえで重要となりうるため，詳細に分析した。「高い高い」の分析には2点の意義があり，1つはヒトも同じ行動をみせるため直接比較しやすい点，もうひとつは笑顔が生じる対面場面であるという点である。1点目について，ヒトは直立して「高い高い」をし，ヒト以外の霊長類はおとなが仰向けになって子を上げるため形状の違いはあるが，一対一の対面行動という点は共通している。2点目について，チンパンジーが笑顔をみせる遊び場面は非常に動きが速く，対面になることはあってもその時間が短いため分析が困難である。「高い高い」は対面の継続時間が長いため，一方の表情ともう一方の表情を同時に見比べることができる。ヒトについては保育園で，5名の1歳前後の乳児と保育士との間の「高い高い」を，チンパンジーについては日本モンキーセンターの1組の母子における「高い高い」を観察し比較した。ヒトは保育士に「高い高いをしてください」と依頼したもの，チンパンジーは母子で自発的に生起したものという違いはある。ここ

で探ったのは,「チンパンジーも他者と笑い合うのだろうか？」という部分である。

まずは「高い高い」そのものについて,ヒトでは保育士に依頼したものであるため頻度に意味をもたないが,44回の「高い高い」を分析した。チンパンジーでは生後25週までの間に32回の「高い高い」がみられた。問題はその間にみられた笑顔である。ヒトでは保育士は35回の笑顔をみせたのに対し,乳児は28回であった。一方チンパンジーでは,母親は笑顔をみせず,乳児は6回笑顔をみせた。違いは明らかである。ヒトはおとなも子どもも笑顔をみせ,どちらかといえばおとながより多く笑いかけるのに対し,チンパンジーは子どもしか笑わなかった。チンパンジーの母親は子どもの笑顔に笑顔を返さない傾向にあるようだ。もちろん,チンパンジーのデータは1組の母子をもとにしており,この母親のマルコの特性とも考えられる。現在,他の母子も観察中であり,データの補強が必要である。

「チンパンジーも他者と笑い合うのだろうか？」という問いへの答えは,「高い高い」をみる限り,笑い合わないようであるとなる。これはヒト以外の大型類人猿は,他者とのインタラクションで笑わないというトマセロ（Tomasello, 2019）の言及に通ずる。チンパンジーを観察していると,2個体で遊んでいて,ともに笑っていることは多くある（たとえば,Davila-Ross et al., 2011）。そのような場面と,「高い高い」の場面は何が違うのだろう。おそらくそれは,「高い高い」が母親にとっては遊びではないという点である。今回のデータでは,母親は1回の「高い高い」で平均28秒間,子どもを上げていた。その間,グルーミングをしたり,繰り返し触るという行動がみられた。チンパンジーの場合,脚だけで「高い高い」をすることがあるので,空いた手でそのようなことができる。「高い高い」は,チンパンジーの母親にとっては遊びというよりも子どもをケアする,養育行動なのかもしれない。そのため,自分にとっては「楽しい」ものではないので,笑顔をみせないと考えられる。一方,2個体間の遊び場面で笑顔が共起するのはなぜかというと,ともに「楽しい」からであろう。相手の感情との関係は弱く,自らの快感情の表示として笑っているのではないだろうか。そのように仮定すると,チンパンジーの笑顔はそれが覚醒中に他者との対面場面で生じていたとしても,本質的には社会的微笑ではなく,「個人

的な微笑」がともに生じているだけなのかもしれない。チンパンジーの遊びで笑い声が発せられると，笑い声がない場合に比べて遊びが長くなるというデータがある（Davila-Ross et al., 2011；Matsusaka, 2004）。それには2つの解釈が可能であろう。1つは笑い声が単に個人的な感情を反映したものではなく，対他者関係に影響し遊びを延長させる効果があると解釈することができる。もうひとつはより単純に，笑顔のみが表示された遊び場面よりも笑い声をともなう遊び場面の方が刺激的で，感情強度が強く，長く続く遊びであったという解釈である。より「楽しい」から笑い声をともなった，より「楽しい」から長い遊びになった，のではないだろうか。

　このように考えると，チンパンジーが他者と笑い合うかどうか明確な判断はできない。笑い合う状態は，一方の笑顔がもう一方の笑顔を誘発し，強めるような状況である。見方を変えると，チンパンジーで笑顔が笑顔を誘発するような伝染効果があれば，笑い合うということが明確にいえるだろう。ヒトでは，笑い声に笑顔誘発効果が認められている（Provine, 1992）。チンパンジーでもあくびは伝染することがわかっている（Anderson et al., 2004）。笑い声を呈示する実験的な検討がありうるが，あまり結果は期待できないと考えている。観察をしていると，2個体間の遊び場面の近くにいる第三者のチンパンジーが，その遊びに関心をもって凝視する，接近するという場面がほとんどないためである。

　まとめると，筆者のデータからは以下のようにいえる。チンパンジーが笑顔をみせる場面は限られており，他者と笑い合うことも少ないようである。逆にいえば，さまざまな場面で笑顔をみせ，笑い合うのがヒトの特徴なのかもしれない。

5　ニホンザルも寝ながら笑う

　ヒトとチンパンジーは，少なくとも笑顔の初期発達の部分は共有していることがわかった。ヒトとチンパンジーはともに，出生直後から睡眠中に自発的微笑をみせ，生後2カ月ごろに覚醒中の社会的微笑が多くみられるようになってくる。それはヒト科の動物だけにみられる特徴なのだろうか。社会的微笑がみられるかどうかについては，ヒトと約3000万年前にわかれた旧世界ザルに含ま

れるオナガザル科のマカク属で網羅的な研究がなされている（Preuschoft & van Hooff, 1995）。日本人になじみの深いニホンザルもマカク属に含まれ，笑顔をみせることがわかっている。社会的微笑の発達研究はヒトとチンパンジー以外にはほとんどないため，生後何カ月ごろからみられるのかはわかっていない。では，自発的微笑はどうなのだろうか。「ニホンザルも寝ながら笑うのだろうか？」という問いである（詳細は Kawakami et al., 2017 参照）。

　京都大学霊長類研究所で生まれたニホンザルの新生児 7 個体を対象に観察をおこなった（川上（2014）とは異なるデータを使用）。全個体 2 回ずつ観察日をわけて観察し，平均日齢は10.64日であった。新生児の健康診断を兼ねた別の実験と並行しておこなった観察であり，実験で疲れて寝てしまった新生児の様子を撮影した。自発的微笑の定義はヒトにおけるものとほぼ同一で，唇の端が上がることである。実験そのものは 1 回あたり平均44分，その中での睡眠時間は合計93分であった。その睡眠時間の中に，合計58回（1 個体あたり平均 8 回程度）の自発的微笑がみられた。すべてはレム睡眠中に生じていた。

　「ニホンザルも寝ながら笑うのだろうか？」という問いへの答えは明確で，笑うといえる。ヒト胎児の研究で触れた，自発的微笑は「養育者による養育行動を引き出すため，自分を守るために本能的にみせる表情であるという説」には，このデータも反証となる。ニホンザルでもチンパンジーでも唇の端を上げる状況はみられるが，それは服従のサインとして使われることの多い歯出し表情のときである（Parr et al., 2010）。ヒトの笑顔にあたる口開け表情では，チンパンジーでもその19%でしか唇の端は上がらない（Davila-Ross et al., 2015；矛盾するデータとして Parr et al., 2007）。口開け表情では，当然のことだが基本的に口が開く（Parr et al., 2007）が，自発的微笑では口が開かないこともある。これらが意味するのは，乳児の自発的微笑をニホンザルやチンパンジーの母親が見ても，それを笑顔とは認識しないであろうということである。おそらくヒト以外の霊長類の自発的微笑は，養育行動を引き起こさないだろう。しかし依然として，「なぜ自発的微笑があるのか？」という疑問への答えは明確ではない。

6　ヒトほど笑う動物はいない

　ここまでのデータでわかるのは，ヒトほど笑顔をみせ，他者の笑顔に敏感な動物はいないということである。赤ちゃんの寝ているときの唇の動きに笑顔を見出し，失敗しても，悔しくても，怒られても，ときには他者を攻撃するためにも笑顔をみせることもある。他者の笑顔や笑い声に笑いを誘われたり，筆者はチンパンジーがみせた笑顔で笑ってしまうこともある。ヒトは発達的に快感情の表出からはじまる笑顔を使って，快感情を表出し，その感情を共有し，他の感情を隠して生活している。それが友好的な社会を維持し，他者の協力を引き出すのにつながっているのかもしれない。ヒト以外の霊長類も，グルーミングなど他の方法で友好的な社会を維持している。しかし，1個体がグルーミングをできる相手は1個体で，数珠つなぎのように複数個体でグルーミングすることはできても，1個体が同時に2個体以上に関係を拡げることは難しい。それに対して，笑顔はお手軽である。少し唇の端を上げるだけで，笑い声を発するだけで，周囲に快感情（ではない場合もあるが）を拡げることができる。このような笑顔の効率性にはダンバー（Dunbar, 2014）も言及している。笑顔はヒトが他の種と比較して最もうまく活用している，感情の飛び道具なのかもしれない。

第4節　おわりに――笑顔の進化と発達研究の未来

　本稿では笑顔の発達にかんして，胎児の笑顔と1歳過ぎまでみられる自発的微笑を概観し，2歳ごろに笑顔はさまざまな場面で使われ，他者と共有されるものとなることを示した。笑顔の進化にかんして，自発的微笑や社会的微笑の初期については，ヒトとそれ以外の霊長類でも共通しているが，その後，さまざまな場面での笑顔や，笑顔の共有や伝染はみられないようであることを示した。自発的微笑にかんしては定義がほぼ一致しているため，進化と発達が正確に追えている。問題は笑顔の使われる場面についてであり，発達における笑顔の多様化を調べるための分類法が，ヒト以外の動物に応用できていない。ヒトもチンパンジーも同じ基準で観察しなければ，当然正しい比較とはいえない。早急に解決すべき課題である。

笑顔に関連する研究は，笑顔の表出と認知にわけることができる。派生するものとして，笑顔の主な誘発因であるユーモアの表出（産出）と認知研究がある。笑顔の認知研究とユーモア研究は本稿では扱っていないため，ここでは触れないこととする。笑顔の表出の進化にかんしては，どの種が自発的微笑をみせるのか，どの種が快感情の表出として笑顔をみせるのかといった観察研究がありうる。どのようなときに笑顔をみせるのか，笑顔が伝染するのかといった部分はより興味深いだろう。笑顔の表出の発達にかんしては，自発的微笑と社会的微笑の関係を探る研究，いつまで自発的微笑がみられるのか，不快場面での笑顔や嘲笑といった部分が興味深い。笑顔は快感情の表出という常識にとらわれず，それ以外の笑顔の側面に光をあてる研究が必要である。笑顔と発達障がいや心身障がい，老年期の笑顔にも研究の余地が広く残されている。

　笑顔の研究はポジティブなイメージを抱かれやすく，研究のしやすい分野といえよう。筆者はまず笑顔という現象を把握したいと考えているが，笑顔の背景にある，他者の感情や関係性の理解といった側面の発達や進化を探る研究もできるだろう。日常にあふれる笑顔を，一歩引いて別の角度からみてみると，新たな発見があるかもしれない。

引用文献

Ambrose, J. A. (1961). The development of the smiling response in early infancy. In B. M. Foss (Ed.), *Determinants of infant behaviour, Vol. 1* (pp.179-201). Oxford: Wiley.
Anderson, J. R., Myowa-Yamakoshi, M., & Matsuzawa, T. (2004). Contagious yawning in chimpanzees. *Proceedings of the Royal Society. B (Supplement)*, **271**, S468-S470.
Darwin, C. (1872). *The expression of the emotions in man and animals*. London: John Murray.
Davila-Ross, M., Allcock, B., Thomas, C., & Bard, K. A. (2011). Aping expressions? Chimpanzees produce distinct laugh types when responding to laughter of others. *Emotion*, **11**, 1013-1020.
Davila-Ross, M., Jesus, G., Osborne, J., & Bard, K. A. (2015). Chimpanzees (*Pan troglodytes*) produce the same types of 'laugh faces' when they emit laughter and when they are silent. *PLoS ONE*, **10**, e0127337.
Dunbar, R. (2014). *Human evolution*. London: Penguin Books.
Ekman, P. (1972). Universals and cultural differences in facial expressions of emotion. In J. Cole (Ed.), *Nebraska symposium on motivation, 1971, vol. 19* (pp.207-282). Lincoln, NB: University of Nebraska Press.
Ekman, P. (2009). *Telling lies: Clues to deceit in the marketplace, politics, and marriage*. New York: W. W. Norton.

Ekman, P., & Friesen, W. V. (1982). Felt, false, and miserable smiles. *Journal of Nonverbal Behavior*, **6**, 238-252.

Emde, R. N., & Harmon, R. J. (1972). Endogenous and exogenous smiling systems in early infancy. *Journal of the American Academy of Child Psychiatry*, **11**, 177-200.

Emde, R. N., & Koenig, K. L. (1969a). Neonatal smiling and rapid eye movement states. *Journal of the American Academy of Child Psychiatry*, **8**, 57-67.

Emde, R. N., & Koenig, K. L. (1969b). Neonatal smiling, frowning, and rapid eye movement states: II. Sleep-cycle study. *Journal of the American Academy of Child Psychiatry*, **8**, 637-656.

Emde, R. N., McCartney, R. D., & Harmon, R. J. (1971). Neonatal smiling in REM states, Ⅳ: Premature study. *Child Development*, **42**, 1657-1661.

Enomoto, T. (1990). Social play and sexual behavior of the bonobo (*Pan paniscus*) with special reference to flexibility. *Primates*, **31**, 469-480.

Gewirtz, J. L. (1965). The course of infant smiling in four child-rearing environments in Israel. In B. M. Foss (Ed.), *Determinants of infant behaviour, Vol. 3* (pp.205-248). London: Methuen.

Hamada, Y., & Udono, T. (2006). Understanding the growth pattern of chimpanzees: Does it conserve the pattern of the common ancestor of humans and chimpanzees? In T. Matsuzawa, M. Tomonaga, & M. Tanaka (Eds.), *Cognitive development in chimpanzees* (pp.96-112). Tokyo: Springer.

Hearn, L. (2005). *Glimpses of unfamiliar Japan*. New York: Cosimo. (originally published in 1894)

Hess, R. D., Kashiwagi, K., Azuma, H., Price, G. G., & Dickson, W. P. (1980). Maternal expectations for mastery of developmental tasks in Japan and the United States. *International Journal of Psychology*, **15**, 259-271.

池田正人. (2018). 乳児の自発的微笑と外発的・社会的微笑の質的な違い：生後1年間における1事例の縦断的観察を通して．笑い学研究, **25**, 42-55.

Kagan, J., & Fox, N. (2006). Biology, culture, and temperamental biases. In N. Eisenberg (Ed.), *Handbook of child psychology: Vol. 3. Social, emotional, and personality development* (6th ed., pp.167-225). Hoboken, NJ: Wiley.

川上文人. (2014). 笑顔の進化と発達．佐住彰文（監），村井　源（編），量から質に迫る：人間の複雑な感性をいかに「計る」か (pp.177-199)．東京：新曜社.

川上文人・林　美里・友永雅己. (2015). ちびっこチンパンジーと仲間たち：チンパンジーに学ぶヒトの笑顔の意味. 科学, **85**, 606-607.

Kawakami, F., Kawakami, K., Tomonaga, M., & Takai-Kawakami, K. (2009). Can we observe spontaneous smiles in 1-year-olds? *Infant Behavior and Development*, **32**, 416-421.

Kawakami, F., & Tokosumi, A. (2011). Life in affective reality: Identification and classification of smiling in early childhood. *Proceedings of the 14th International Conference on Human-Computer Interaction*, USA, Lecture Notes in Computer Science Volume 6766, 460-469.

Kawakami, F., Tomonaga, M., & Suzuki, J. (2017). The first smile: Spontaneous smiles in newborn Japanese macaques (*Macaca fuscata*). *Primates*, **58**, 93-101.

Kawakami, F., & Yanaihara, T. (2012). Smiles in the fetal period. *Infant Behavior and Development,* **35**, 466-471.

川上清文・髙井清子・川上文人. (2012). ヒトはなぜほほえむのか：進化と発達にさぐる微笑の起源. 東京：新曜社.

Kawakami, K., Takai-Kawakami, K., Kawakami, F., Tomonaga, M., Suzuki, M., & Shimizu, Y. (2008). Roots of smile: A preterm neonates' study. *Infant Behavior and Development*, 31, 518-522.

Kawakami, K., Takai-Kawakami, K., Tomonaga, M., Suzuki, J., Kusaka, F., & Okai, T. (2006). Origins of smile and laughter: A preliminary study. *Early Human Development*, 82, 61-66.

Kawakami, K., Takai-Kawakami, K., Tomonaga, M., Suzuki, J., Kusaka. F., & Okai, T. (2007). Spontaneous smile and spontaneous laugh: An intensive longitudinal case study. *Infant Behavior and Development*, 30, 146-152.

Kohyama, J., Shimohira, M., & Iwakawa, Y. (1997). Maturation of motility and motor inhibition in rapid-eye-movement sleep. *The Journal of Pediatrics*, 130, 117-122.

LaFrance, M. (2011). *Lip service: Smiles in life, death, trust, lies, work, memory, sex, and politics.* New York: W. W. Norton.

Lewis, M., Takai-Kawakami, K., Kawakami, K., & Sullivan, M. W. (2010). Cultural differences in emotional responses to success and failure. *International Journal of Behavioral Development*, 34, 53-61.

Matsusaka, T. (2004). When does play panting occur during social play in wild chimpanzees? *Primates*, 45, 221-229.

松阪崇久. (2008). 笑いの起源と進化. 心理学評論, 51, 431-446.

Matsuzawa, T. (2006). Evolutionary origins of the human mother-infant relationship. In T. Matsuzawa, M. Tomonaga, & M. Tanaka (Eds.), *Cognitive development in chimpanzees* (pp.127-141). Tokyo: Springer.

松沢哲郎. (2010). 人間とは何か：ちびっこチンパンジーたちが教えてくれたこと. 松沢哲郎（編), 人間とは何か：チンパンジー研究から見えてきたこと (pp.1-13). 東京：岩波書店.

Messinger, D., Dondi, M., Nelson-Goens, G. C., Beghi, A., Fogel, A., & Simion, F. (2002). How sleeping neonates smile. *Developmental Science*, 5, 48-54.

Mizuno, Y., Takeshita, H., & Matsuzawa, T. (2006). Behavior of infant chimpanzees during the night in the first 4 months of life: Smiling and suckling in relation to behavioral state. *Infancy*, 9, 221-240.

Nishida, T. (1983). Alloparental behavior in wild chimpanzees of the Mahale Mountains, Tanzania. *Folia Primatologica*, 41, 1-33.

Palagi, E. (2006). Social play in bonobos (*Pan paniscus*) and chimpanzees (*Pan troglodytes*): Implications for natural social systems and interindividual relationships. *American Journal of Physical Anthropology*, 129, 418-426.

Parr, L. A., Waller, B. M., Burrows, A. M., Gothard, K. M., & Vick, S. J. (2010). Brief communication: MaqFACS: A muscle-based facial movement coding system for the rhesus macaque. *American Journal of Physical Anthropology*, 143, 625-630.

Parr, L. A., Waller, B. M., Vick, S. J., & Bard, K. A. (2007). Classifying chimpanzee facial expressions using muscle action. *Emotion*, 7, 172-181.

Preuschoft, S., & van Hooff, J. A. R. A. M. (1995). Homologizing primate facial displays: A critical review of methods. *Folia Primatologica*, 65, 121-137.

Provine, R. R. (1992). Contagious laughter: Laughter is a sufficient stimulus for laughs and smiles. *Bulletin of the Psychonomic Society*, 30, 1-4.

志水　彰．(2000). 笑い／その異常と正常．東京：勁草書房．
Spitz, R. A., Emde, R. N., & Metcalf, D. R. (1970). Further prototypes of ego formation: A working paper from a research project on early development. *The Psychoanalytic Study of the Child*, **25**, 417-441.
Sroufe, L. A., & Waters, E. (1976). The ontogenesis of smiling and laughter: A perspective on the organization of development in infancy. *Psychological Review*, **83**, 173-189.
高井清子．(2005). 自発的微笑・自発的笑いの発達：生後6日目〜6ヶ月までの1事例を通して．*日本周産期・新生児医学会雑誌*, **41**, 552-556.
高井清子・川上清文・岡井　崇．(2008). 自発的微笑・自発的笑いの発達（第2報）：生後2日目〜6カ月までの1事例を通して．*日本周産期・新生児医学会雑誌*, **44**, 74-79.
Takeshita, H., Myowa-Yamakoshi, M., & Hirata, S. (2006). A new comparative perspective on prenatal motor behaviors: Preliminary research with four-dimensional ultrasonography. In T. Matsuzawa, M. Tomonaga, & M. Tanaka (Eds.), *Cognitive development in chimpanzees* (pp.37-47). Tokyo: Springer.
Takeshita, H., Myowa-Yamakoshi, M., & Hirata, S. (2009). The supine position of postnatal human infants: Implications for the development of cognitive intelligence. *Interaction Studies*, **10**, 252–269.
Tomasello, M. (2019). *Becoming human: A theory of ontogeny*. Cambridge, MA: The Belknap Press of Harvard University Press.
van Hooff, J. A. R. A. M. (1972). A comparative approach to the phylogeny of laughter and smiling. In R. A. Hinde (Ed.), *Non-verbal communication* (pp.209-241). Cambridge, UK: Cambridge University Press.
van Lawick-Goodall, J. (1968). The behaviour of free-living chimpanzees in the Gombe Stream Reserve. *Animal Behaviour Monographs*, **1**, 161-311.
Wolff, P. (1959). Observations on newborn infants. *Psychosomatic Medicine*, **21**, 110-118.
Wolff, P. (1963). Observations on the early development of smiling. In B. M. Foss (Ed.), *Determinants of infant behaviour, Vol. 2* (pp.113-138). London: Methuen.
Wrangham, R. W., & Smuts, B. B. (1980). Sex differences in the behavioural ecology of chimpanzees in the Gombe National Park, Tanzania. *Journal of Reproduction and Fertility (Supplement)*, **28**, 13-31.
Yamakoshi, G. (1998). Dietary responses to fruit scarcity of wild chimpanzees at Bossou, Guinea: Possible implications for ecological importance of tool use. *American Journal of Physical Anthropology*, **106**, 283-295.

第4章
乳児期における泣きの発達

中山博子

序　節　赤ちゃんのストレスをいかに測るか？（川上清文）

　一連の研究のきっかけは，筆者（川上清文）が1990年に米国のマイケル・ルイスの研究所に1年間滞在し，共同研究をしたことであった。その研究は論文にまとめられている（Lewis et al., 1993）。ルイスとの共同研究は，予防注射に対する日米乳児の反応を比較することが目的であった。使用した尺度は2つで，ひとつが唾液中のコルチゾルというストレス・ホルモン，もうひとつがビデオによる泣きの評定だった。

　筆者は帰国後，以前から予定していた昭和大学産婦人科学の矢内原巧教授との共同研究の相談をした。矢内原教授は上記の日米比較研究に興味を示され，その研究を発展させる方法を考えることになった。幸いにも矢内原研究室のメインテーマのひとつがホルモンで，コルチゾルの分析はお手の物だったのである。ルイス研究所の泣きの評定は，ビデオを5秒ごとに止め，その間の泣き声の大きさを4段階，表情の大きさを4段階で数値化するというものであった。矢内原教授は，その信頼性に疑問をもたれたが，それは心理学以外の分野からみて当然であろう。筆者は，産科で出産の状態を評定するのに用いられるアプガー・スコアと同じやり方で信頼性も高いと説明し，教授も納得された。日米比較研究の予防注射場面に替わる状況として，研究当時，生後5日目に実施されていた先天性代謝異常などをスクリーニングするための採血を使うことにした。この採血場面は，米国のイザードなどの情動研究者も使っていたからであ

る。

　採血場面でホワイトノイズ（聴覚実験によく用いられる，すべての周波数で，ほぼデシベル値が等しい人工音）を呈示される群，心音を呈示される群，統制群を比較することにした（Kawakami et al., 1996a）。ホワイトノイズと心音は，ともに85dBで呈示した。採血前と採血後20分の2回，唾液を採取した（ときどき新聞などでコルチゾルを指標にしたストレス研究が紹介される。コルチゾルはストレス刺激の後に上昇するから使用するので，ストレス前後の比較が重要である。一度だけコルチゾルを測ったという研究方法は疑問ということになる）。採血の間，ずっと録画したが，最初の2分だけを泣きの評定に使った。日米比較研究と同様，5秒ごとに評定し，泣き声の大きさを4段階（大声で泣いている3～まったく泣いていない0），表情の大きさも4段階（大きくくずれている3～まったく変わっていない0）とした。2分間，5秒ごとの評定であるから24回，各回最大値6となるので，合計の最大値は144，最小値は0となる。

　結果を分析すると，全体としてみると採血後，コルチゾル値は上昇していた（ただし，心音群とホワイトノイズ群は下降していた。つまり音を呈示すると，ストレスが緩和される）。泣きの評定値では，統制群が最も高く，次が心音群，最後がホワイトノイズ群であった。日常生活でほとんど聞くことはないであろうホワイトノイズが，泣きを抑制したのである。

　この研究の背景には，米国の心理学者ソークの「母親が赤ちゃんを左胸で抱くのは，胎内で聞いていた心音を聞かせるためだ」という神話となった仮説がある。この仮説についての分析は他書（鈴木，2008）に譲るとして，筆者たちは「赤ちゃんたちは採血時に音を呈示されると，そちらに注意が向くので泣きが減るのではないか」と考え，それを「アテンション仮説」として提唱している。ホワイトノイズの方が心音よりも注意を引くのではないだろうか，ということである。

　上述の研究は，その後，匂いの呈示効果検証（Kawakami et al., 1997），採血中に抱くことの効果検証（Kawakami, et al., 1996b），ニホンザルの新生児への音と匂いの呈示効果検証（Kawakami, et al., 2002）へと進んでいった。ヒトの新生児のストレス研究は，病院でホルモン採取に採血に替わる方法として唾液が採用されたということであるし，ニホンザルの研究も動物福祉に応用できる

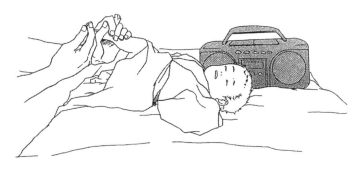

ストレス研究の様子（川上・高井－川上，2003；イラスト 小嶋陽子）

可能性を示したことに意味があるのではないだろうか。

なお，ここまで述べてきたそれぞれの研究はもちろん論文で読むことができるが，『乳児のストレス緩和仮説』（川上・高井－川上，2003）に要約してあるので，参照されたい。

引用文献
川上清文・高井－川上清子．(2003). 乳児のストレス緩和仮説：オリジナリティのある研究をめざして．東京：川島書店．
Kawakami, K., Takai-Kawakami, K., Kurihara, H., Shimizu, Y., & Yanaihara, T. (1996a). The effect of sounds on newborn infants under stress. *Infant Behavior and Development*, **19**, 375-379.
Kawakami, K., Takai-Kawakami, K., Kurihara, H., Shimizu,Y., & Yanaihara, T. (1996b). The effect of tactile stimulation on newborn infants in a stress situation. *Psychologia*, **39**, 255-260.
Kawakami, K., Takai-Kawakami, K., Okazaki, Y., Kurihara, H., Shimizu, Y., & Yanaihara, T. (1997). The effect of odors on human newborn infants under stress. *Infant Behavior and Development*, **20**, 531-535.
Kawakami, K., Tomonaga, M., & Suzuki, J. (2002). The calming effect of stimuli presentation on infant Japanese macaques (*Macaca fuscata*) under stress situation: A preliminary study. *Primates*, **43**, 73-85.
Lewis, M., Ramsay, D. S., & Kawakami, K. (1993). Differences between Japanese infants and Caucasian American infants in behavioral and cortisol response to inoculation. *Child Development*, **64**, 1722-1731.
鈴木光太郎．(2008). オオカミ少女はいなかった：心理学の神話をめぐる冒険．東京：新曜社．

第1節　はじめに

　泣くという行為は我々が生涯にわたって経験する身近な現象であり，とくに，新生児や乳児にとっては生存を確保するうえで非常に重要な役割を果たしている。なぜならば，産声は生まれてきたことや呼吸していることを周囲に伝え，その後も，泣きの表出が空腹や危険な状態であることを養育者に知らせるシグナルになっているからである。したがって，これまでも新生児や乳児の泣きに関してさまざまな観点から検討が行われてきたが，1980年代までの研究成果は二つに大別され（Barr, 1990；陳, 1986；正高, 1989），ひとつは泣き声から疾病や健康状態を診断するなど医学的視点に立った知見（たとえば，Apgar, 1953；Brazelton, 1962）であったこともうなずける。もうひとつの観点は泣きを行動も含めたものとしてとらえ，発達面を重視した心理学的な研究（たとえば，Bell & Ainsworth, 1972）であり，その背景にはアタッチメント理論（Bowlby, 1969, 1982）や乳児の気質，情動発達への関心の高まりがあったとされる（たとえば，陳, 1986；Zeskind & Lester, 2001）。

　筆者があらためて乳児の泣きに注目した理由は，泣くという行為が乳児の不快な情動表出にとどまらない可能性もあるのではないかと素朴な疑問を抱いたこと，また，現在も乳児の泣きに悩む養育者が存在することである。乳児の泣きに関する近年の研究はとくに育児にかかわる人の精神衛生やウェルビーイングと関連して語られることが多いように思われ（たとえば，Powell et al., 2018；Zeifman & St James-Roberts, 2017），虐待や育児ストレスといった乳児の泣きにまつわるいわば負の面をよりよい方向に改善していこうとする姿勢が強く反映されているのかもしれない。

　川上ほか（Kawakami et al., 1996a）は，新生児のストレス反応行動の評定に「泣き」，生理的なストレス反応の指標にコルチゾルを用いた実験を行い，「ストレス場面で刺激を呈示されると注意がそちらに向き，ストレスが緩和される（川上・高井－川上，2003, p.52）」とする「アテンション仮説」を導いた。新生児が刺激（音）に注意を向ける現象をとらえたこと，また，新生児のストレス緩和につながる結果が示されたことは，臨床的にも発達的にも示唆に富む知見

である。発達心理学の分野において乳児を対象とした研究の場合，観察法が広く取り入れられているが，生理的反応を用いて検証を行ったことにこの研究の意義があるといえよう。

最近はストレスにかかわる研究においてコルチゾルが用いられることも多く（たとえば，Provenzi et al., 2016），信頼できる指標のひとつとして普及し，その後のストレス研究の発展に寄与したと考えられる。

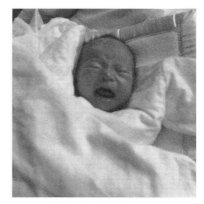

乳児はなぜ泣くのか？

川上ほか（Kawakami et al., 1996a）は統制された環境のもと横断的な実験を行い，採血の痛みで生じた新生児の泣きが音の刺激によって抑制されることを発見した。それでは，日常生活に目を転じるとどうであろうか。おそらく，乳児期の泣きに深くかかわっているのは養育者，家庭では特に母親である。生後より営まれる乳児と養育者との相互交渉の重要性はこれまでも伝えられてきたが（たとえば，Sroufe, 1996；Stern, 1985/1989；Trevarthen & Aitken, 2001），乳児期初期において最も頻繁になされるやりとりは，泣きとそれに対する母親の対応である（Del Vecchio et al., 2009）。

筆者の主な関心は，日々の生活の中でどのような乳児の泣きが表出し発達していくのかである。これらの検討を目的とするならば，可能な限り縦断的な視点をともなう自然観察法が望ましいといえる。とくに，事例研究という手法は対象者数が限られるものの，さまざまに異なる側面の資料が得られる利点があり（南，1991），川上・高井（2013）も乳児研究の原点は観察であると述べている。

以下では，乳児の泣きに関する知見の一部を概観するとともに，事例研究によって観察された泣きの意味について考えてみたい。

なお，乳児の泣きを取り上げる際には「泣き（crying）」の他に「ぐずり（fussing）」，あるいは「悲鳴（scream）」という表現が散見される（たとえば，Chen et al., 2009）。"crying"と"fussing"の定義についてはホプキンス（Hopkins,

2000）がその区分について整理しているが，それぞれをどのように定義づけるかについては研究者の間で合意が得られておらず，そもそも両者を明確に区別すべきかどうかといった議論もあることから，本章では主に「泣き」ということばを用いる。また，新生児は生後4週間（28日目）未満の乳児を指すが，本章では特に区別して表記する必要がある場合を除いて新生児と乳児を「乳児」と表現する。

第2節　乳児の泣きをどのようにとらえるか

泣くという行為はさまざまな文脈で生じる情動表出のかたちであり（たとえば，Zeifman, 2001），乳児は泣きによって不快感を示す（たとえば，Bell & Ainsworth, 1972 ; Gustafson & Green, 1991）と考えられている。情動の発達過程については，誕生時には泣きにみられるような「不快（distress）」の情動反応を示し，生後2カ月から3カ月になると「悲しみ（sadness）」の情動も現れるという（Lewis, 2008）。

発達時期に関連して，生後初期における母子間の対面コミュニケーション研究にはおもに2つの立場があり（Lavelli & Fogel, 2002），ひとつは生後2カ月には母親の動作や感情を踏まえて乳児自身が行動と情動を調整するなど能動的な役割を果たしているとする説（たとえば，Reddy et al., 1997）である。もうひとつは，乳児の積極的な関与が起こりうるのは生後3カ月以降であり，この時期より前にみられる乳児の積極的な関与と思われる行動はコミュニケーション的な意味を見出そうとする大人の想像に起因するものであると考える立場（たとえば，Hopkins, 1983 ; Kaye, 1982）である。

それでは，乳児は泣きを介したコミュニケーションを行っているといえるであろうか。コミュニケーションと聞くと「ことば」や「言語」をイメージすることが多いが，視線，表情，音声，指さし，身ぶりなどもコミュニケーション行動ととらえると，前言語期の乳児も身体的なメッセージによって養育者や周囲とコミュニケーションを行っている（たとえば，Adamson, 1996/1999 ; 鯨岡, 1997）という。たしかに，乳児が泣くと周囲の大人は乳児の情動状態を察して近くに引き寄せられることが多く，結果的に乳児の泣きはコミュニケーション

の基本的な手段（たとえば，Berk, 2006；Soltis, 2004）として，あるいは社会的発信として機能していると考えられる（遠藤，2005）。

　乳児のコミュニケーションについては後述するが，コミュニケーションとは，広辞苑（第6版）によると「社会生活を営む人間の間に行われる知覚・感情・思考の伝達。言語・文学その他の視覚・聴覚に訴える各種のものを媒介とする。」と記されている（新村，2008）。動物行動学の世界では，コミュニケーションを「発信者が受信者の行動に影響を与えることにより，結果的に利益を得るような，動物どうしの信号の伝達のこと（岡ノ谷，2007, p.186）」とも定義されている。モルティラーロほか（Mortillaro et al., 2013）は，コミュニケーションの構成要素は表出と知覚であり，シグナルの送り手が表出した手がかり（表情，身振り，声など）をシグナルの受け手が視覚や聴覚を使いながら自らがもつ社会文化的な規範に照らし合わせて送り手のシグナルを修正した形で知覚し，応答するという伝達行動がコミュニケーションであると論じている。また，ゼスキント（Zeskind, 2013）によると，泣きを介した情動コミュニケーションは乳児と養育者間における覚醒の同調（同期）（Zeskind et al., 1985）としてとらえることができ，養育者の覚醒の度合いが受け手（養育者自身）の主観的な感情状態を介して変化するため，同じ泣き声であっても養育者によって異なった反応を引き起こすという。泣きが乳児と養育者のコミュニケーションに寄与するか否かは，乳児の側からの働きかけもさることながら大人が見せる反応や解釈もきわめて重要な鍵であることがうかがえる。

　人間のふるまいは多かれ少なかれ他者の存在に影響されているものである。「聴衆効果（audience effect）」とは，他者が存在することによりある種の個人の行動が促進される現象であるが，表情の生起や強度に対する聴衆効果は発達のかなり早期より認められることが知られている（遠藤，2013）。乳児期においては主たる養育者である母親の存在が乳児の行動や情動表出に影響を及ぼしているとするならば，泣くという行為をきっかけに始まる母子間のかかわりがその後のコミュニケーション発達に大きく貢献していることが想定される。

　次節では，縦断的な事例研究によって乳児期にどのような泣きが観察されたのか，また，養育者（母親）がどのようにかかわったのかについてみていきたい。

第3節　乳児期における泣きの縦断的事例観察

1　乳児期初期（生後0カ月〜生後6カ月）

　乳児の泣きに関しては，縦断的な観察を丹念に行ったウォルフ（Wolff, 1969）による自然誌的な研究が有名であるが，その中で次のような泣きの存在に言及している。「乳児は多くの母親が'嘘（ふり，やらせ）'と認識する新しい泣き方を発見する，これは，乳児が苦痛を感じているのではなく単に"注意を向けてほしい"という意味である（Wolff, 1969, p.98）。」こうした描写は，乳児の様子を縦断的な視点で注意深く観察したからこそ可能であったと思われ，乳幼児を対象とした発達心理学の世界において観察法が重視されるゆえんが理解できる。

　生後初期の泣きについては，はじめは乳児のホメオスタシスの変化や神経機能の変化（Emde et al., 1976）などが反映された生物学的なシグナルが，しだいに養育環境や乳児が受ける世話の質などに影響される社会的なシグナルへと転換するといわれている（たとえば，Lester, 1984；Zeskind, 1985）。すなわち，生後2カ月から3カ月の間を境に乳児の泣きはある特定の外的なできごとと結びつけられやすくなり（Zeifman, 2001），より相互的，意図的になると指摘されている（たとえば，Barr & Gunnar, 2000；Ostwald & Murray, 1985）。サーニ（Saarni, 2011）は社会的交流に関連した情動発達の注目すべき目印として「嘘泣き（"fake"crying）」や「いないいないばあ（peek-a-boo）」を挙げ，乳児が周囲と関係を築くと記している。これは，乳児の泣きがよりコミュニカティブになり，対人関係の促進に役立つよう発達するということではないだろうか。

　赤ちゃんと接する機会のある方は，乳児が空腹だったり眠いから泣くのではなく，養育者の注意を引きたい，あるいは自分をかまってほしいという欲求から泣いているように感じた経験をお持ちかもしれない。日本においてはこうした泣きをしばしば甘え泣きと称し，多くの養育者がある種の乳児の泣きを甘え泣き（たとえば，根ヶ山ほか，2005）ととらえている。「甘え」の定義はさまざまであるが，研究者によっては「愛されたいと願う（こと）（Scheidlinger, 1999, p.91）」，「他者の甘やかしを求め，満たされた情動状態（Lebra, 1976, p.54）」，「親

密な関係の互恵的な二者（二項）構造（Emde, 1992, p.38）」などと説明されている。

　土居（1971, 2007）によると，母親に密着することを求めることが甘えの心理的原型であるという。アタッチメントと甘えは，どちらも親密性や安全を求めることに根ざしている点で共通している（Rothbaum & Kakinuma, 2004）ものの，前者は危機的な状況において作動し（Bowlby, 1969, 1982），ネガティブな感情に結びついた心理行動傾向（遠藤，2005）であり，後者は純粋に感情的あるいは道具的な欲求を満たしたいときはいつでも観察される現象であるといった違いがみられる（Behrens, 2004）。

　乳児の泣きに関してはこれまで多くの意義深い先行研究がなされてきたものの，情動コミュニケーション（Zeskind, 2013）や泣きが生起した文脈（St James-Roberts, 2012；Wood & Gustafson, 2001）にはあまり注意が払われてこなかったとの指摘がある。したがって，中山（Nakayama, 2010, 2015）は乳児の泣きと泣きに対応する母親のかかわりを縦断的に観察し，乳児の泣きの発達過程のみならず，どのような文脈で生じ，その泣きに対して母親がどのように介入しているのか検討した。乳児期初期については保護者より同意の得られた健康な乳児4名を対象とした。観察は約2週間に一度の頻度（約60分間）で行われ，家庭において乳児が表出した泣きのエピソードが約半年間記録された。具体的には泣きの頻度や持続時間，泣き声の強さや表情の大きさ，乳児が泣き始めた際の母親との近接性，視線方向，推測される泣きの誘発因（泣きが生起した文脈），母親が泣きに介入するまでの時間，母親の泣きに対する介入方法，母親の介入後に乳児が泣きやむまでの時間などを分析した。その結果，生後0カ月においては身体・物理的（生物学的）な理由による泣きのみが観察され，生後1カ月においてもそうした泣きの表出割合が高かったのに対し，生後3カ月以降は対人的（社会的）な理由による泣きの割合が高まった。また，生後0カ月時は単純な泣きのみが観察され，生後1カ月には「見る」行動をともなう泣きが出現し，生後3カ月以降はその割合が増加した。

　見るという行為はコミュニケーションスキルの発達にもかかわる（たとえば，Adamson, 1996/1999；遠藤，2013），ヒトにとって非常に重要な行動（たとえば，Lewis, 2014）であるが，生後3カ月には乳児による視線の向け方も発達してい

ることが推察される。これらの結果より，乳児初期の泣きは生後3カ月に大きな転換期を迎える可能性が示されたが，興味深い点は，生後2カ月には母親が甘え泣きであると解釈する泣きが観察され，生後3カ月に著しく増加したことである。この種の泣きが増加するのは，おそらく誕生直後より育まれる泣きを介した相互交渉の経験により，泣くことで養育者がニーズを満たしてくれることを乳児が認識し始めているからであろう。こうしたことに気づき始めた乳児は，猛烈に不快な状態ではなくとも，甘え泣きを媒介にして母親との情動コミュニケーションを図っているのかもしれない。

　母親の介入に関しては，声をかけたり抱っこしたりするなど泣きに対する反応を示すまでの時間は母親によって個人差がみられたものの，乳児の月齢に関連して反応時間が早くなったり遅くなったりする傾向はみられなかった。すなわち，乳児の泣きに対する母親の反応は乳児期初期においては比較的一貫していることが推察される。また，必ずしも乳児の泣き声が強いほど母親が早く介入するわけではなく，この結果は，たとえ乳児がせっぱつまった状況ではないとわかっていても，乳児からの働きかけに母親が応じている場合もあることになる。泣きの理由の違いによる反応時間については，甘え泣きの場合はそうでない泣きと比べて相対的に短かった。甘え泣きの表出は母親との密接な情動的なコミュニケーションを求めるものであるため，反応を遅らせたり無視したりするのではなく，阿吽の呼吸で母親がそれに応えようとする姿を反映しているのかもしれない。母親の介入方法は，抱っこをしたり，話しかけながら乳児の身体に触れたりするなど身体的な接触をともなうものが多かったが，乳児期初期の介入に関しては乳児が泣きやむまでの時間に身体的な接触の有無による有意な差はみられなかった。

　乳児は泣いている間ほとんど常に機嫌の悪い状態であったものの，稀に例外的な場面も観察され，それらは甘え泣きと解釈されるエピソードの一部であった。注目すべきは，乳児の泣きは通常不快な情動表出であるといわれている（たとえば，Bell & Ainsworth, 1972）が，甘え泣きは多分にコミュニカティブな性質を帯びており，それほど苦痛ではない状態においても表出される可能性があるということである。

2 乳児期後期（本章では生後7カ月〜生後14カ月）

続いては乳児期後期において観察された泣きについてふれてみたい。後期は2名（R児，M児）を約2週に一度（約60分）観察した。表出した泣きの頻度や持続時間については乳児によって異なり，月齢に関連したピークや減少もみられなかった。一方，共通点としては，母親の姿が見えていないときよりも母親の姿が見える場合に観察されることが多かった。これは，乳児が，注意を向けてくれる対象（母親）がいない場合には泣いてアピールする必要がないと感じあまり泣かなかったのかもしれない。泣いているときの乳児の視線方向についても，母親の方を見る傾向がみられた。とくにR児はこの種の泣きが生後9カ月時に著しく増加した。本観察の結果は，生後9カ月前後に視線理解の転換期を迎え，急速に発達するというトマセロ（Tomasello, 1995）の見解とも一致する（Kawakami, 2005を参照）。

乳児期後期は「9カ月の奇跡（nine-month miracle）」（たとえば，Tomasello, 1995）と呼ばれる時期に重なり，他者の注意をコントロールし事物や事象への興味を共有しようと試みるようになるなど革命的な変化がみられる（Rochat, 2001/2004；Tomasello, 1995）認知的・情動的な発達の転換期（Emde & Gaensbauer, 1981）といわれている。

乳児の泣きに対する母親の反応時間は，比較的安定していたものの，乳児以外のきょうだいがいる場合，彼らの世話や家事に忙しいなどの理由により速やかに乳児の泣きに対応することが難しい場面も観察された。乳児の泣きに介入するタイミングはいつも迅速であるとは限らず，これはひとつには，単純に母親が泣いている赤ちゃんにかまっているゆとりがないという可能性，もうひとつには，泣きの状況がそれほど深刻ではないと母親が推測した場合はあえて介入しないでおくという行動をとっている可能性も考えられる。すなわち，母親は乳児の泣きに対し深刻さの程度を考慮しながら臨機応変に判断し介入していることが示唆される。母親の反応時間に関しては，乳児が母親を見つめながら泣いている場合のほうがときどき見ながら泣いているときよりも早かった。子どもに見つめられながら泣かれると，ほうっておくのが難しいのは当然であろう。

母親の介入は身体的な接触をともなうものともなわないものいずれも観察さ

れたが，身体的な接触をともなう介入のほうが身体的な接触をともなわない介入に比べて乳児が泣きやむまでの時間が有意に短かった。触刺激は新生児のストレスを緩和することが実証されているが（Kawakami et al., 1996b），乳児の泣きを終息させることにも効果があったといえる。とくに，乳児期後期においては，はいはいをしながら母親のいる方向へ向かっていくような行動がみられるようになり，乳児期初期とは異なり自らが物理的に近づいたり離れたりすることが可能になる。それでも，乳児が泣きを表出した際に母子が身体的な接触という究極の近さでかかわることは情動調整に作用し，乳児期に関しては物理的な距離と心理的な近さが一体であるように感じられる。

　ここで乳児期後期にみられた泣きのエピソードを紹介する。ある乳児の家庭にお邪魔していたところ，生後11カ月から12カ月にかけて，乳児（R児）の目から涙が出ておらず，本当は機嫌が悪いわけではないのにあたかも泣いているように装う嘘泣きが観察された。11カ月齢になると，母親と一緒に遊んだあと，いったん母親が離れていくのを見て，もう一度母親が近くに来るまで泣く，という行動が観察された。この際，R児の視線はほとんどの間母親のいる方向に向けられており，母親という特定の対象に対し明確なコミュニケーションの意図をもって泣いているように見受けられた。12カ月齢においても興味深い行動が観察された。このエピソードにおいては，R児がベビーチェアにひとりで置かれているという状況で，母親やきょうだいが別室にいた。R児からは母親の姿が見え声も聞こえる位置関係にあった。R児は最初に弱い声を出し，その後母親の反応を確認するという動きを見せた。しばらく様子を見ていたが母親が接近する気配がみられなかったため，R児は母親の方をときどき見ながら泣き始めた。結局，母親に抱っこされる形で泣きやんだが，この最初の泣き，すなわち機嫌が悪くないようにみられるにもかかわらず弱い声を出してみて母親の様子をうかがうという行動は，あたかも泣くふりをしてあざむいて気を引こうとしているように見えた。そのため，母親が嘘泣きであると解釈したのかもしれない。嘘泣きにおいては弱い声でぐずったあとに母親の反応を観察しているところが意図的，操作的であり，一種のあざむき行動と解釈できないこともない。

　養育者の注意を引きたいと思うのは乳児の「正直シグナル（honest signal）

(Soltis, 2004)」であるという意見もあるが，乳児の表出する行動そのものは泣くふりをするという意味において虚偽的であるともいえる。乳児は日々営まれる母子相互交渉を通して泣きが母親の注意を引くことに気づいており，母親のほうも日々乳児と接する中で乳児の状態および機嫌から容易に判断できるのであろう。とくに，きょうだいがいる場合は家庭内での相互作用がよりいっそうバラエティに富んだものとなり，こうした環境が乳児のコミュニケーション発達を促す要因となることが示唆される。これに関連して，事例研究において乳児期後期に観察された泣きのエピソードの前後に注目し，泣き始める前と泣き終わったあとの乳児の情動（感情）変化を調査した（Nakayama, 2013）。乳児の泣きは通常不快感の表れであるといわれているが（たとえば，Bell & Ainsworth, 1972 ; Gustafson & Green, 1991），泣くという行為に及ぶ直前の乳児の機嫌を知ることによって，もしかしたら不快な情動表出としての泣き以外に示唆されることがあるかもしれないと考え，本調査を行った。概要は以下のとおりである。

　観察された泣きのエピソードごとに，泣きが始まる前の60秒間と泣きが終息したあとの60秒間について，5秒ごとに乳児の機嫌，乳児の視線方向，および泣きが終息したあとの母親との近接性を評定した。

　結果，乳児2名のうち1名（M児）については，すべてのエピソードにおいて泣きが始まる前の5秒間は機嫌の悪い状態が観察された。もう1名（R児）については99％の割合で機嫌の悪い状態がみられた。すなわち，乳児期後期においては，月齢にかかわらず泣きが始まる前の乳児の機嫌は例外を除いてほぼ常に悪いということである。例外的にR児において泣く直前の機嫌がよいと推測される泣きが観察されたが，これは母親が嘘泣きと解釈した泣きであった。両児とも，泣きが終息した直後の5秒間は非常に高い割合（M児94％，R児93％）で機嫌の悪い状態が観察された。泣きが終息したにもかかわらず乳児の機嫌は急速には好転せず，むしろ，徐々に機嫌が回復する様子が観察された。一方，泣きが終息した直後の機嫌がよいと思われる稀なエピソードは嘘泣きであると解釈された行動であった。加えて，母親による特別な介入が行われないままR児が泣きやんだ直後から寛いだ状態であると推測されるエピソードも観察された。これは乳児がテレビに注目していた場面であり，テレビ画面とスピーカーからの音がR児の注意を泣くことからそらせ，乳児の気を紛らわせ

た可能性が高い。川上ほか（Kawakami et al., 1996a）の研究では新生児の注意が音刺激に向けられ泣きが抑制された。乳児期後期においては生後初期に比べ視力も発達しており、注意を向ける行動にも反映されていることがうかがわれる。

泣きやんだあとの母親との身体的な接触については、M児は身体的な接触をともなう介入の直後から機嫌が回復する傾向があり、R児は身体的な接触をともなう介入に加え、母親と見つめ合うことにより機嫌がよくなる場面が観察された。触刺激によるストレス緩和（たとえば、Kawakami et al., 1996b）と同様に、母子間のアイコンタクトも乳児の機嫌を回復させる手立てとなるのかもしれない。

第4節　乳児の泣きに対する聞き手（聴き手）の受けとめ方

前節においては実際の日常観察場面から浮かび上がる母子の泣きをめぐる特徴を中心に述べてきた。本節では乳児の泣きに対する大人側の受けとめ方について考えてみたい。

乳児が泣いていることに周囲が気づくきっかけとなるのは泣き声であることが多い。それゆえ、乳児が泣くという行為において、泣き声という音声情報はコミュニケーションの中心的な要素のひとつであるといえる。また、同じ泣き声であっても聞いた人がどのように感じるかによって異なった反応を引き起こす（Zeskind, 2013）といわれている。

それでは、実際に子育て中の養育者は乳児の泣きをどのように感じているのであろうか。養育に関わる人々の状況を知るため、縦断的事例研究（Nakayama, 2015）に参加した乳児の母親4名にインタビュー調査を行い、乳児の泣きに対するとらえ方や子育て中の心境を尋ねた（中山, 2018）。母親たちは乳児が泣く存在であるという事実を肯定的にとらえており、乳児の一所懸命さや一途さに好感をおぼえていた。一方、乳児の泣きに対して激しい嫌悪感を抱くことはないものの、たとえば母親の側にゆとりがないときや、他人の目がある公共の場面で泣き続けたりする際には、ときどきイライラしてしまうこともあると述べていた。1歳を過ぎると嘘泣きをするようになったという報告もあったが、

母親はそれらを嘘泣きだと気づいており，日々の生活の中で乳児の泣きが本当か嘘かを理解したうえで対応していることがうかがえる。

　泣き声に対する大人の知覚や反応に関しては，新生児や乳児の泣き声を大人に聞かせて泣きの種類や緊急性，嫌悪感の程度，養育行動の傾向を尋ねる研究や，泣きや泣き声に対する養育者や大人の反応に影響を及ぼす要因を探る研究などが行われてきた（たとえば，Frodi & Lamb, 1980；Gustafson & Harris, 1990；Leerkes, 2010；Leerkes et al., 2012）。影響因として聴取者の性差（Boukydis & Burgess, 1982），乳児の月齢や聴取者の養育経験（Irwin, 2003），養育者の心的健康（たとえば，Donovan et al., 1998；Schuetze & Zeskind, 2001）などが挙げられる一方で，性差や養育経験は影響しないという知見も存在し（たとえば，Lin & McFatter, 2012），さまざまな結果が示されているものの一致した見解は得られていない。

　前節で示した縦断的事例研究においては，泣き声を聞いた母親が乳児をかまう姿が観察された。それでは，母親以外の人々は乳児の泣きに対してどのように感じるのであろうか。乳児の泣きに対する反応については養育者を対象とした研究が多く（たとえば，Rutherford et al., 2013），将来的に養育者となる可能性のある育児未経験の若者における感情的な反応についてはほとんど知られていないのが現状である（Cohen-Bendahan et al., 2014）。そこで，子育てを行う前の若者たちが乳児の泣き声に対してどのような反応を示すのかを知ることは，ヒトの泣き声がもたらす意味を探るうえで示唆が得られるのではないかと考え研究を行った（Nakayama, 2016）。本研究はある特定の実験的な文脈ではなく，日常生活において自発的に生じる乳児の泣きと聴き手の感じ方に注目したため，縦断的な事例観察で得られた乳児の泣き声を実験刺激として用いた。方法や結果の概要は以下のとおりである。

　実験参加者は個別に調査協力を依頼し，文書などで調査内容を説明し，同意書の得られた女子大学生および大学院生26名（平均年齢21.77歳，SD 1.55）であった。実験を始める前にはフェイスシートへの記入を依頼し，実験参加者の年齢，きょうだいの有無，育児経験の有無，子どもが好きか否かなどを尋ねた。

　実験で使用する泣き声の音声刺激は，縦断的事例研究において観察された乳児期初期および乳児期後期の泣きのエピソードを使用した。分析対象となった

すべての泣きのエピソードのうち，他の音と重複しておらず泣き声のみが聞こえる部分を取り出し，動画編集ソフトウエアを用いて動画から音声のみを抽出して音声ファイルを作成した。別の評定者が音声ファイルを聞き，泣き声に雑音が混じっていないかどうかを確認し一致率を算出したところ93.75％であった。実験は大学構内の認知実験室においてマンツーマンで行われ，ノート型コンピュータに搭載されている Windows Media Player を使用し，ヘッドホンを通して音声刺激をランダムに呈示した。練習試行は5回，本試行は40回行われ，本試行の音声刺激の平均呈示時間は8.38秒（SD 6.80）であった。

なお，音声刺激の泣きの推測因については，縦断的事例研究において観察された文脈より，「眠い」「おなかがすいた」「あまえたい」「ひとりでおかれている」の4つに分類して分析を行った。

実験参加者に対しては，参加者が感じる嫌悪感の程度と，乳児自身の不快度をどうとらえたかをたずねた。具体的には，それぞれの音声刺激につき以下の2つの質問に対し，3つの選択肢の中からひとつ回答するよう求めた。「あなたは嫌悪感を感じますか」という問いに対する回答の選択肢は「嫌悪感を感じる」「好感を感じる」「どちらでもない」であり，「乳児自身の不快度はどれくらいだと感じますか」という問いには「不快」「快」「どちらでもない」の中から選択してもらった。

回答については質問1，質問2ともに3点満点で評価した。質問1では，「好感を感じる」を3点，「どちらでもない」を2点，「嫌悪感を感じる」を1点と定めた。質問2も同様に，「快」を3点，「どちらでもない」を2点，「不快」を1点として得点を算出した。

主な結果としては，泣き声に対して回答者自身が感じる嫌悪感の程度と，回答者が推測する乳児の不快さの程度は，音声によってその一致度に幅がみられた。すなわち，回答者は乳児の機嫌が悪いことを推測しつつも，自身はその音声に嫌悪を感じておらず，むしろ，好感を抱いている場合があることも判明した。

泣きの推測因の違いによる泣き声に対する嫌悪感や推察された乳児の不快度には差がみられ，「眠いから」あるいは「あまえたいから」といった理由の泣き声に対しては嫌悪感の程度が比較的低く，「ひとりでおかれているから」と

いう理由の泣き声に対しては嫌悪感の程度が高かった。推察された乳児の不快度については,「おなかがすいたから」という理由での泣き声に対して乳児の不快度が最も高いと推測し,反対に,「あまえたいから」と推測される乳児の泣き声については,他の理由と比べて,回答者が乳児の状態をそれほど不快ではないと判断していた。回答者は育児経験のない女子大学生と大学院生であったが,泣いている理由を音声特徴から弁別していたのかもしれない。

　乳児の月齢が上がるにつれて,回答者が感じる泣き声に対する嫌悪感も増す傾向があった。すなわち,乳児期後期の泣き声と比べて,乳児期初期に観察される泣き声のほうが回答者に与える嫌悪感の度合いが低かった。性別による音声特徴は男児のほうが女児と比べより低い泣き声を産出していたものの,嫌悪感には差がみられなかった。また,フェイスシートに記入された回答者の子どもに対する感覚(子どもが好きか否か)による泣き声に対する嫌悪感にも差はみられなかった。育児経験のない女子大学生らに激しい嫌悪感を抱かせない泣き声が乳児期後期より初期に多くみられるのは,おそらく,乳児期初期においては,乳児期後期以上に,泣き声が新生児や乳児の生存価を高める(たとえば,Ostwald, 1972；Soltis, 2004；Zeifman, 2001)ことにつながっているからであろう。乳児の泣き声は一様に嫌悪感をもたらすわけではなく,泣き声に好感を抱き,ひいては,その泣き声を発する乳児に対する愛おしさを呼び起こす可能性が考えられる。言ってみれば,泣き声に対する嫌悪感から解放されるために乳児に近づき泣きやませようとするのとは異なり,ある種の泣き声や泣き声の主である乳児に対して好ましさや愛らしささえ感じているのであろうか。

　この研究では養育者以外の大人(女子大学生および大学院生)より得られたデータで分析を行ったが,先行研究では養育者が泣き声に対して嫌悪感をおぼえることは,世話をするといった行動を生じさせるために効果的である(Murray, 1979；Zeifman, 2003)という指摘もある。もちろん,行き過ぎた嫌悪感は養育者による虐待につながる恐れがあり,強い泣き声が諸刃の剣であることは疑いようがない。

　泣き声によっては聞いている人にポジティブな感情をもたらす可能性があることはことさら興味深い。実験参加者はすべての泣き声に嫌悪感をおぼえるわけではなく,むしろ,一部の甘え泣きに対しては好感を抱いている場合もある

ことが判明した。強い泣き声は嫌悪感を生じさせ，養育者以外の大人の泣きに対する介入行動を促す可能性がある一方で，ポジティブな感情をもたらす泣き声が存在するということは，もしかすると，前述の行き過ぎた嫌悪感を生じさせないことと関係があるのかもしれない。乳児が，聞き手（聴き手）に嫌悪感をあまり抱かせない泣き声を発しているという事実は何を意味しているのだろうか。ある種の乳児の泣きは決して嫌悪感を抱かせず，早く泣きやませようとしたり無視したりするどころか，むしろ乳児を愛おしく慈しむ感情をもたらす，いわばベビーシェマとしての機能を有している可能性が示唆される。たとえ育児経験がなくとも乳児の泣き声に肯定的な感情を抱く感度が我々には備わっており，赤ちゃんが泣く存在であることを受け止め，可能な限り積極的にかかわることができ，こうしたかかわりが乳児と養育者を含む大人の双方のコミュニケーション発達を促すと考えられないだろうか。

第5節　乳児の泣きに関する発達研究の可能性

　泣くという行為は身近な現象であるがゆえに，古来より哲学，医学，心理学，生理学，人類学，美術，文学などありとあらゆる分野で幅広く取り上げられている。それにもかかわらずいまだ泣きに関する研究が続けられているのは，きわめて大きなテーマであることを意味しているのであろう。本章ではコミュニケーションという観点より乳児の泣きについてふれ，いわば泣くことが仕事であるともいえる乳児は，不快であるからというだけではなく養育者との密接な情動コミュニケーションを求める泣きを表出し，母親もまた積極的に応えていることが判明した。甘え泣きがその後のコミュニケーション発達に大きく寄与していることを実証するためには，もう少し長い期間で異なる発達時期に注目することが必要であろう。とくに，ことばを発するようになると甘え泣きの表出が抑制されるのかどうか，情動コミュニケーションと言語的コミュニケーションの発達過程やその関係・連続性の有無について検討することも興味深い。

　乳児期後期においては嘘泣きと解釈される泣き行動が観察されたが，実はこの時期にはたぬき寝入りと呼ばれる行動も何度かみられた。観察時間外に遭遇したエピソードであったが，このとき乳児は声も出さずじっとしており，最初

から最後まで寝たふりをしていた。寝たふりをしたと考えられる理由は，母親がベビーベッドに近づいた場合は起き上がったままの状態で母親を見つめ，甘えようとしたのに対し，ストレンジャーが近づくと視線を合わせることを避け，目を閉じた状態でベッドに横たわった姿勢を続けたからである。さらに，ストレンジャーがベッドから離れると乳児は緊張した面持ちで起き上がり，ベッドの上に再び立つという行動を繰り返した。乳児は母親と母親以外の他者を明確に区別して行動表出していることが推察され，前言語期においては嘘泣きやたぬき寝入りといった行動レベルでの嘘を表出することが示唆される。

　レディ（Reddy, 2008/2015）は，生後1年以内の乳児は他者を偽って望ましい場所に導くようなことはしないが，嘘泣きのように他人を自分自身（乳児）に導くために偽りの行為や表情を表すことがあると指摘し，一歳未満の乳児でも他者との非言語的交流のなかで「だまし（deception）」を行うことがあり，だましのコミュニケーションが最初のコミュニケーションであると論じている。嘘泣きと聞くと，「嘘」ということばの響きからネガティブな印象をもってしまうかもしれない。しかしながら，生後1年ごろまでに観察されるこのような行動は違った見方ができるのではないだろうか。乳児は不快であるふりをして養育者の注意を引こうとし，養育者は乳児に近づいてかまうといった母子相互交渉が日々の生活において営まれる。こうした個々の相互交渉が乳児に他者の存在を意識させ，コミュニケーション能力を発達させていくのかもしれない。

　筆者の研究は日本人が対象であったが，乳児が泣くという行為は世界的に普遍的な事象である。子育てに関しては地域によって養育観や養育行動に違いがみられることが報告されており，乳児の泣きにまつわる対応にも文化差の存在がうかがえる。文化の研究は欧米諸国を中心とした知見の枠組みとの比較対照に非欧米地域の発展途上国が取り上げられることがあるものの（たとえば，Hewlett et al., 1998；Keller et al., 2005；Landau, 1982；Nelson, 2005），依然として乳児の泣きや泣きにまつわる母子間の相互交渉に関する研究は欧米の見解が主流である（St James-Roberts, 2012）。しかしながら，日本における泣きを介した母子間のコミュニケーションは欧米と同一であるとは限らない。古来より日本の幼児教育は童心主義や儒教思想の影響を受けてきたといわれているが（藤永，2011），育児に関しても「人間は生まれながらに善である」という性善説のも

と親子の心の交流や信頼関係から自然発生的に生ずるものとおおらかに考えられていたようである（伊藤，2004）。近藤（1981）によると，日本人のコミュニケーションの特徴は以心伝心ということばに代表されるように，ことば自体よりもむしろことばの背後にある心に価値を置いている点であるという。日本人の心理的な特徴は，言わなくても周囲の人が自分の気持ちを察してくれると思い込む「甘え」ということばに象徴され（土居，1971, 2007；鈴木，2006），甘えの心理の原型は母子関係における乳児の心理にあり，「甘え」とは乳児が母親は自分とは違う存在であることに気づいてもなお母親を求め続けることであると述べている（土居，1971, 2007）。伊藤（2004）は「甘え」の心理が日本の子育てで中心的な役割を果たしており，母親たちは子どもが親に甘えられる環境を作ることを自覚していると論じている。中山（Nakayama, 2015）においては，甘え泣きに対して迅速に対応し乳児と積極的にかかわる母親の姿が観察された。日本の母親たちは乳児が他者に甘えるという行為を肯定的にとらえており，心情による通じ合いや甘えの心理に価値を置く日本人に特徴的（渡辺，2010）な姿が映し出されているようである。おそらく，現在の子育てにおいても子どもの健やかな発達や成長のためには乳児が愛され甘えの欲求が満たされていることが大事であるという認識が浸透しているのかもしれない。

　一連の研究結果を鑑みると，乳児による泣きという行動そのものの発達については通文化的な共通性が存在するのかもしれない。他方，乳児の泣きそのものは普遍的でありながらも，その泣きに介入する養育者は自身の属する社会によってどのようにふるまうか（ふるまうべきか）というその文化特有の社会的基準やルールに基づいて行動していると考えられる。

　これまで述べてきたことはヒトの乳児の泣きについてである。ヒト以外の泣き（あるいは鳴き）は対象外の分野でもあり本章では扱わないが，進化の観点よりヒトの泣きについて論じた知見もみられる。感情の涙を流すのはヒトに特有であること（Gračanin et al., 2018），また，大人に向けられた乳児の泣き（adult-directed infant cry）や対乳児発声（infant-directed vocalization）はヒトの二足歩行という体勢の進化によって母子が常に身体的に密着しているわけではないことと関連しており，原言語（protolanguage）が発現する道を切り開いた前言語的な基盤になっていること（Falk, 2004）が指摘されている。泣きと言語

発達の関係について探究していくことも興味深い試みと思われる。

　ヒトは超社会的な種（たとえば，Richerson & Boyd, 1998）といわれるが，なぜそうなったのかについてはまだ十分にわかっていない（Keltner et al., 2006）。互いに助け合いコミュニケーションを図ることが生存と直結していたであろうことは想像に難くない。ヒトは泣いている他者を助けようとし，そうした援助行動が社会的絆（social bonding）を促した（Gračanin et al., 2018）と考えるならば，泣くという行為がヒトのコミュニケーション進化に果たした役割の大きさが示唆される。

　本章では乳児期における泣きの発達について縦断的な事例研究を中心にふれてきた。観察された泣き行動は情動表出，だまし（あざむき），コミュニケーションなどさまざまな要素を含む興味深い現象であるが，本章で示したことは泣きの意味の探究としてはほんの一部に過ぎない。筆者は今後も可能な限り泣きについて考察していきたいと思っている。

引用文献

Adamson, L. B. (1999). 乳児のコミュニケーション発達：ことばが獲得されるまで（大藪泰・田中みどり，訳）．東京：川島書店．(Adamson, L. B. (1996). *Communication development during infancy*. Boulder, CO: Westview Press.)
Apgar, V. (1953). A proposal for a new method of evaluation of the newborn infant. *Current Researches in Anesthesia and Analgesia*, **32**, 260-267.
Barr, R. G. (1990). The normal crying curve: What do we really know? *Developmental Medicine and Child Neurology*, **32**, 356-362.
Barr, R. G., & Gunnar, M. (2000). Colic: The "transient responsivity" hypothesis. In R. G. Barr, B. Hopkins, & J. A. Green (Eds.), *Crying as a sign, a symptom, and a signal: Clinical, emotional and developmental aspects of infant and toddler crying* (pp.41-66). London: Mac Keith Press.
Behrens, K. Y. (2004). A multifaceted view of the concept of *amae*: Reconsidering the indigenous Japanese concept of relatedness. *Human Development*, **47**, 1-27.
Bell, S. M., & Ainsworth, M. D. S. (1972). Infant crying and maternal responsiveness. *Child Development*, **43**, 1171-1190.
Berk, L. E. (2006). *Child Development* (7th ed.). Boston: Pearson Education.
Boukydis, C. Z., & Burgess, R. L. (1982). Adult physiological response to infant cries: Effects of temperament of infant, parental status, and gender. *Child Development*, **53**, 1291-1298.
Bowlby, J. (1969). *Attachment and loss: Vol. 1. Attachment*. London: Hogarth Press.
Bowlby, J. (1982). *Attachment and loss: Vol. 1. Attachment* (2nd ed.). New York: Basic Books.
Brazelton, T. B. (1962). Crying in infancy. *Pediatrics*, **29**, 579-588.

陳　省仁．(1986). 新生児・乳児の「泣き」について：初期の母子相互交渉及び情動発達における泣きの意味．北海道大学教育学部紀要, 48, 187-206.
Chen, X., Green, J. A., & Gustafson, G. E. (2009). Development of vocal protests from 3 to 18 months. *Infancy*, 14, 44-59.
Cohen-Bendahan, C. C. C., van Doornen, L. J. P., & de Weerth, C. (2014). Young adults' reactions to infant crying. *Infant Behavior and Development*, 37, 33-43.
Del Vecchio, T., Walter, A., & O'Leary, S. G. (2009). Affective and physiological factors predicting maternal response to infant crying. *Infant Behavior and Development*, 32, 117-122.
土居健郎．(1971).『甘え』の構造．東京：弘文堂．
土居健郎．(2007).『甘え』の構造（増補普及版）．東京：弘文堂．
Donovan, W. L., Leavitt, L. A., & Walsh, R. O. (1998). Conflict and depression predict maternal sensitivity to infant cries. *Infant Behavior and Development*, 21, 505-517.
Emde, R. N. (1992). *Amae*, intimacy, and the early moral self. *Infant Mental Health Journal*, 13, 34-42.
Emde, R. N., & Gaensbauer, T. J. (1981). Some emerging models of emotion in human infancy. In K. Immelmann, G. Barlow, L. Petrinovich, & M. Main (Eds.), *Behavioral development* (pp.568-588). Cambridge, UK: Cambridge University Press.
Emde, R. N., Gaensbauer, T. J., & Harmon, R. J. (1976). Emotional expression in infancy: A biobehavioral study. *Psychological Issues*, 10, (Monograph). New York: International Universities Press.
遠藤利彦．(2005). アタッチメント理論の基本的枠組み．数井みゆき・遠藤利彦（編），アタッチメント：生涯にわたる絆 (pp.1-31). 京都：ミネルヴァ書房．
遠藤利彦．(2013). 情動の発達・情動が拓く発達．『情の理』論：情動の合理性をめぐる心理学的考究 (pp.79-115). 東京：東京大学出版会．
Falk, D. (2004). Prelinguistic evolution in hominin mothers and babies: For cryin' out loud! *Behavioral and Brain Sciences*, 27, 461-462.
Frodi, A. M., & Lamb, M. E. (1980). Child abuser's responses to infant smiles and cries. *Child Development*, 51, 238-241.
藤永　保．(2011). 発達研究の途を尋ねて．児童心理学の進歩（2011年版），vol. 50, 281-304.
Gračanin, A., Bylsma, L. M., & Vingerhoets, A. J. J. M. (2018). Why only humans shed emotional tears：Evolutionary and cultural perspectives. *Human Nature*, 29, 104-133.
Gustafson, G. E., & Green, J. A. (1991). Developmental coordination of cry sounds with visual regard and gestures. *Infant Behavior and Development*, 14, 51-57.
Gustafson, G. E., & Harris, K. L. (1990). Women's Responses to young infants' cries. *Developmental Psychology*, 26, 144-152.
Hewlett, B. S., Lamb, M. E., Shannon, D., Leyendecker, B., & Schölmerich, A. (1998). Culture and early infancy among Central African foragers and farmers. *Developmental Psychology*, 34, 653-661.
Hopkins, B. (1983). The development of early non-verbal communication: An evaluation of its meaning. *Journal of Child Psychology and Psychiatry*, 24, 131-144.
Hopkins, B. (2000). Development of crying in normal infants: Method, theory, and some speculations. In R. G. Barr, B. Hopkins, & J. A. Green, (Eds.), *Crying as a sign, a symptom, and a signal: Clinical, emotional and developmental aspects of infant and toddler crying* (pp.176-209). London: Mac Keith Press.

Irwin, J. R. (2003). Parent and nonparent perception of the multimodal infant cry. *Infancy*, **4**, 503-516.
伊藤賀永．(2004)．子育てと〈甘え〉．関東学院大学人間環境学会紀要，**2**，69-85．
Kawakami, K. (2005). The two-month and the nine-month revolutions vs. the scallop hypothesis in infant development. *Annual Report, Research and Clinical Center for Child Development, Hokkaido University*, **27**, 37-42.
川上清文・高井－川上清子．(2003)．乳児のストレス緩和仮説：オリジナリティのある研究をめざして．東京：川島書店．
川上清文・高井清子．(2013)．新生児・乳児研究の考え方：その小史と展望．田島信元・南徹弘（編），日本発達心理学会（シリーズ編），*発達科学ハンドブック：1　発達心理学と隣接領域の理論・方法論* (pp.164-176)．東京：新曜社．
Kawakami, K., Takai-Kawakami, K., Kurihara, H., Shimizu, Y., & Yanaihara, T. (1996a). The effect of sounds on newborn infants under stress. *Infant Behavior and Development*, **19**, 375-379.
Kawakami, K., Takai-Kawakami, K., Kurihara, H., Shimizu, Y., & Yanaihara, T. (1996b). The effect of tactile stimulation on newborn infants in a stress situation. *Psychologia*, **39**, 255-260.
Kaye, K. (1982). *The mental and social life of babies: How parents create persons*. Chicago: University of Chicago Press.
Keller, H., Voelker, S., & Yovsi, R. D. (2005). Conceptions of parenting in different cultural communities: The case of West African Nso and northern German women. *Social Development*, **14**, 158-180.
Keltner, D., Haidt, J., & Shiota, M. N. (2006). Social functionalism and the evolution of emotions. In M. Schaller, J. A. Simpson, & D. T. Kenrick (Eds.), *Evolution and social psychology* (pp.115-142). New York: Psychology Press.
近藤　裕．(1981)．*カルチュア・ショックの心理*．大阪：創元社．
鯨岡　峻．(1997)．*原初的コミュニケーションの諸相*．京都：ミネルヴァ書房．
Landau, R. (1982). Infant crying and fussing: Findings from a cross-cultural study. *Journal of Cross-Cultural Psychology*, **13**, 427-444.
Lavelli, M., & Fogel, A. (2002). Developmental changes in mother-infant face-to-face communication: Birth to 3 months. *Developmental Psychology*, **38**, 288-305.
Lebra, T. S. (1976). *Japanese patterns of behavior*. Honolulu, HI: University of Hawaii Press.
Leerkes, E. M. (2010). Predictors of maternal sensitivity to infant distress. *Parenting: Science and Practice*, **10**, 219-239.
Leerkes, E. M., Weaver, J. M., & O'Brien, M. (2012). Differentiating maternal sensitivity to infant distress and non-distress. *Parenting: Science and Practice*, **12**, 175-184.
Lester, B. M. (1984). A biosocial model of infant crying. In L. Lipsitt & C. Rovee-Collier (Eds.), *Advances in infancy research. Vol. 3* (pp.167-212). New York: Ablex.
Lewis, M. (2008). The emergence of human emotions. In M. Lewis, J. M. Havilland-Jones, & Feldman, B. (Eds.), *Handbook of emotions* (3rd ed., pp.304-319). New York: Guilford Press.
Lewis, M. (2014). *The rise of consciousness and the development of emotional life*. New York: Guilford Press.
Lin, H.-C., & McFatter, R. (2012). Empathy and distress: Two distinct but related emotions in response to infant crying. *Infant Behavior and Development*, **35**, 887-897.

正高信男. (1989). 乳児の泣き声研究の展望. 心理学評論, 32, 407-420.
南　徹弘. (1991). 比較行動学からみた発達研究と事例研究. 発達心理学研究, 2, 48-49.
Mortillaro, M., Mehu, M., & Scherer, K. R. (2013). The evolutionary origin of multimodal synchronization and emotional expression. In E. Altenmüller, S. Schmidt, & E. Zimmermann (Eds.), *Evolution of emotional communication: From sounds in nonhuman mammals to speech and music in man* (pp. 3 -25). Oxford, UK: Oxford University Press.
Murray, A. D. (1979). Infant crying as an elicitor of parental behavior: An examination of two models. *Psychological Bulletin*, 86, 191-215.
Nakayama, H. (2010). Development of infant crying behavior: A longitudinal case study. *Infant Behavior and Development*, 33, 463-471.
Nakayama, H. (2013). Changes in the affect of infants before and after episodes of crying. *Infant Behavior and Development*, 36, 507-512.
Nakayama, H. (2015). Emergence of *amae* crying in early infancy as a possible social communication tool between infants and mothers. *Infant Behavior and Development*, 40, 122-130.
Nakayama, H. (2016). Young adults' responses to infant crying: Is it possible that certain crying sounds made by infants cause positive feelings, rather than strong feelings of aversion? 人間環境学研究, 14, 127-136.
中山博子. (2018). 子育て中の母親がとらえる乳児期の泣き. 日本発達心理学会第29回大会論文集, 449.
根ヶ山光一・星三和子・土谷みち子・松永静子・汐見稔幸. (2005). 保育園0歳児クラスにおける乳児の泣き：保育士による観察記録を手がかりに. 保育学研究, 43, 179-186.
Nelson, J. K. (2005). *Seeing through tears: Crying and attachment*. New York: Routledge.
岡ノ谷一夫. (2007). 言語の起源と脳の進化. 理化学研究所脳科学総合研究センター（編), 脳研究の最前線（上）脳の認知と進化 (pp.183-225). 東京：講談社（ブルーバックス).
Ostwald, P. (1972). The sounds of infancy. *Developmental Medicine and Child Neurology*, 14, 350-361.
Ostwald, P. F., & Murray, T. (1985). The communicative and diagnostic significance of infant sounds. In B. Lester & C. F. Z. Boukydis (Eds.), *Infant crying* (pp.139-158). New York: Plenum Press.
Powell, C., Bamber, D., Long, J., Garratt, R., Brown, J., Rudge, S., et al. (2018). Mental health and well-being in parents of excessively crying infants: Prospective evaluation of a support package. *Child: Care, Health and Development*, 44, 607-615.
Provenzi, L., Giusti, L., Fumagalli, M., Tasca, H., Ciceri, F., Menozzi, G., et al. (2016). Pain-related stress in the neonatal intensive care unit and salivary cortisol reactivity to socio-emotional stress in 3 -month-old very preterm infants. *Psychoneuroendocrinology*, 72, 161-165.
Reddy, V. (2015). 驚くべき乳幼児の心の世界（佐伯　胖，訳). 京都：ミネルヴァ書房.（Reddy, V. (2008). *How infants know minds*. Cambridge, MA: Harvard University Press.)
Reddy, V., Hay, D., Murray, L., & Trevarthen, C. (1997). Communication in infancy: Mutual regulation of affect and attention. In G. Bremner, A. Slater, & G. Butterworth (Eds.), *Infant development: Recent advances* (pp.247-273). Hove, UK: Psychology Press.
Richerson, P. J., & Boyd, R. (1998). The evolution of human ultrasociality. In I. Eibl-Eibesfeldt & F. K. Salter (Eds.), *Indoctrinability, ideology, and warfare: Evolutionary perspectives*

(pp.71-95). New York: Berghahn Books.

Rochat, P. (2004). 乳児の世界（板倉昭二・開 一夫，監訳）．京都：ミネルヴァ書房．（Rochat, P. (2001). *The infant's world*. Cambridge, MA: Harvard University Press.）

Rothbaum, F., & Kakinuma, M. (2004). Amae and attachment: Security in cultural context. *Human Development*, **47**, 34-39.

Rutherford, H. J. V., Goldberg, B., Luyten, P., Bridgett, D., & Mayes, L. C. (2013). Parental reflective functioning is associated with tolerance of infant distress but not general distress: Evidence for a specific relationship using a simulated baby paradigm. *Infant Behavior and Development*, **36**, 635-641.

Saarni, C. (2011). Emotional development in childhood. In R. E. Tremblay, M. Boivin, & R. Dev. Peters (Eds.), M. Lewis, (topic Ed.), *Encyclopedia on early childhood development* [online]. http://www.child-encyclopedia.com/emotions/according-experts/emotional-development-childhood. Published September 2011. Accessed May 23, 2019.

Scheidlinger, S. (1999). On the concepts of *amae* and the mother-group. *Journal of the American Academy of Psychoanalysis*, **27**, 91-100.

Schuetze, P., & Zeskind, P. S. (2001). Relations between women's depressive symptoms and perceptions of infant distress signals varying in pitch. *Infancy*, **2**, 483-499.

新村　出（編）．(2008). 広辞苑（第6版）．東京：岩波書店．

Soltis, J. (2004). The signal functions of early infant crying. *Behavioral and Brain Sciences*, **27**, 443-490.

Sroufe, L. A. (1996). *Emotional development: The organization of emotional life in the early years*. New York: Cambridge University Press.

Stern, D. N. (1989). 乳児の対人世界（小此木啓吾・丸田俊彦，監訳）．東京：岩崎学術出版社．（Stern, D. N. (1985). *The interpersonal world of the infant*. New York: Basic Books.）

St James-Roberts, I. (2012). *The origins, prevention and treatment of infant crying and sleeping problems: An evidence-based guide for healthcare professionals and the families they support*. London: Routledge.

鈴木一代．(2006). 異文化間心理学へのアプローチ：文化・社会のなかの人間と心理学．東京：ブレーン出版．

Tomasello, M. (1995). Joint attention as social cognition. In C. Moore & P. J. Dunham (Eds.), *Joint attention: Its origins and role in development* (pp.103-130). Hillsdale, NJ: Lawrence Erlbaum.

Trevarthen, C., & Aitken, K. J. (2001). Infant intersubjectivity: Research, theory, and clinical applications. *Journal of Child Psychology and Psychiatry and Allied Disciplines*, **42**, 3-48.

渡辺秀樹．(2010). 社会の変化と家庭の教育力．牧野カツコ・渡辺秀樹・舩橋惠子・中野洋恵（編），国際比較にみる世界の家族と子育て (pp. 2-11)．京都：ミネルヴァ書房．

Wolff, P. H. (1969). The natural history of crying and other vocalizations in early infancy. In B. M. Foss (Ed.), *Determinants of infant behaviour. Vol. 4* (pp.81-109). London: Methuen.

Wood, R. M., & Gustafson, G. E. (2001). Infant crying and adults' anticipated caregiving responses: Acoustic and contextual influences. *Child Development*, **72**, 1287-1300.

Zeifman, D. M. (2001). An ethological analysis of human infant crying: Answering Tinbergen's four questions. *Developmental Psychobiology*, **39**, 265-285.

Zeifman, D. M. (2003). Predicting adult responses to infant distress: Adult characteristics associated with perceptions, emotional reactions, and timing of intervention. *Infant Mental*

Health Journal, **24**, 597-612.

Zeifman, D. M., & St James-Roberts, I. (2017). Parenting the crying infant. *Current Opinion in Psychology*, **15**, 149-154.

Zeskind, P. S. (1985). A developmental perspective of infant crying. In B. Lester & C. F. Z. Boukydis (Eds.), *Infant crying* (pp.159-185). New York: Plenum Press.

Zeskind, P. S. (2013). Infant crying and the synchrony of arousal. In E. Altenmüller, S. Schmidt, & E. Zimmermann (Eds.), *Evolution of emotional communication: From sounds in nonhuman mammals to speech and music in man* (pp.155-174). Oxford, UK: Oxford University Press.

Zeskind, P. S., & Lester, B. M. (2001). Analysis of infant crying. In L. T. Singer & P. S. Zeskind (Eds.), *Biobehavioral assessment of the infant* (pp.149-166). New York: The Guilford Press.

Zeskind, P. S., Sale, J., Maio, M. L., Huntington, L., & Weiseman, J. R. (1985). Adult perceptions of pain and hunger cries: A synchrony of arousal. *Child Development*, **56**, 549-554.

第5章
母子関係はどのように変わっていくのか？
―― 青年期の娘とその母親の「観察」からみえたこと

久保田桂子

序　節　文化が母子関係に及ぼす影響とは？　（川上清文）

　時間を40年ほど前にさかのぼる。早稲田大学に小嶋謙四郎という発達臨床の先生がいて，『乳児期の母子関係：アタッチメントの発達（第2版）』(1981) という名著で知られていた。この本は，1980年までの乳児と母親の相互交渉研究の動向をまとめている。筆者（川上清文）はマイケル・ルイスの研究になじんでいたので，乳児の発達において重要な他者は母親だけに限らないと考え，最初の著作のタイトルを小嶋の名著の向こうをはり『乳児期の対人関係』(1989)とした（蛇足だが，この『乳児期の対人関係』の書評を先生に書いていただいた。小嶋，1991）。乳児にとって大切な他者は母親のみではないが，やはり母親の存在は重要である。筆者らは乳児の縦断的研究を重ねてきて，母子関係に及ぼす文化の要因をおさえたいと考えた。

　乳児期の母子関係に対する比較文化の研究といえばコーディルらの古典的研究 (Caudill & Weinstein, 1969) がある。コーディルらは，日本と米国において乳児と母親を自然観察し，比較した。私たちは，研究費も時間もなかったので，日本で生活している米国人の母子に研究に協力してもらい，日本人の母子と比較することにした。ところが日本で生活している米国人の母子を探すのは大変だった。ある人から昭和大学の矢内原巧助教授（当時）が，米国人の出産医療もなさっているという情報が入り，お願いして私たちの研究協力者を紹介していただけることになったのである。

4章の最初にも書いたように筆者が1990年にサバティカルをルイスの研究所で過ごすことにしたとき，この研究の結果をまとめることを計画のひとつとした。ルイスの助言を得ながら論文を書き上げたのだが，ときに彼の自宅にまで行って推敲した思い出の論文である（Kawakami et al., 1994）。

　この研究では，日本人の母子と米国人の母子を約10組ずつ，生後1年間毎月1回，乳児の家で自然観察した。毎回の観察時間は60分から90分であった。2名の観察者が，10秒ごとに，母子それぞれの決められた観察項目の存否と，それが相互交渉として表れた場合はその流れを記録した。

　たとえば乳児の「発声」は月齢とともに増加したが，国による違いは見出せなかった。母親の乳児への「語りかけ」や「接触」は米国の方が多い傾向にあった。乳児の「発声」と母親の「語りかけ」の相互交渉は，米国の方が多かった。

　米国の母親の乳児への働きかけが，日本の母親よりも多かったこと，また乳児と母親の相互交渉も米国の方が多かったことは，コーディルなどの先行研究の結果と一致する。ただし，先行研究と本研究の大きな違いは，これまでの研究が示したのは横断的データだったのに対し，縦断的データを呈示したことにある。ここでは詳細を省くが，縦断的にみると行動も関係も大きく変化しており，横断的データだけで母子関係を考察することは危ういことがわかった。

　私たちの母子関係の研究は，これ以降進行したとはいえない。私たちの研究手法は，これまでの章で取り上げたように実験的になっていった。本書の最初の章で取り上げた保育園研究で再び観察が取り上げられたことになる。なお，ここで取り上げた日米比較論文の要約は，私たちの著書『乳児のストレス緩和仮説』(2003) でも紹介している。

引用文献

Caudill, W., & Weinstein, H. (1969). Maternal care and infant behavior in Japan and America. *Psychiatry*, **32**, 12-43.

川上清文．(1989)．*乳児期の対人関係：その縦断的研究と社会的ネットワーク理論*．東京：川島書店．

川上清文・高井－川上清子．(2003)．*乳児のストレス緩和仮説：オリジナリティのある研究をめざして*．東京：川島書店．

Kawakami, K., Takai-Kawakami, K., & Kanaya, Y. (1994). A longitudinal study of Japanese

and American mother-infant interactions. *Psychologia*, **37**, 18-29.
小嶋謙四郎. (1981). *乳児期の母子関係：アタッチメントの発達（第2版）*. 東京：医学書院.
小嶋謙四郎. (1991). 書評「乳児期の対人関係」. *Coder News Letter*, **21**, 17-22.

第1節　はじめに

　最近，あなたは両親，とくに母親とどのような関係を築いているだろうか。
　乳幼児の親子関係（母子関係）は，川上ほか（Kawakami et al., 1994）の研究にもあるように，子どもから親への働きかけが行われ（たとえば，泣いたり，笑いかけたり，指さしをしたり），親はそれを受け止め反応するが，そのやりとりの中には暗黙のうちに親が上の立場で子どもが下の立場という上下関係がうまれているように思う。このような関係は，他の哺乳類動物とは異なり，ヒトは脳が発達して頭が重たくなったうえに直立二足歩行となったことで子どもを未熟な状態で産み，育てなければならなくなったために生じた関係といえるだろう。ある程度発達するまで，子どもにとって養育者（親の場合が多い）は絶対不可欠な存在であり，養育者（親）は子どもが成長するために必要なこと（哺乳や保温，危険から守ってもらうこと）を「してやる立場」を担い，子どもは「してもらう立場」となるのである。自分自身を守るため，養育者に「してもらう」ために身につけている容貌や表情といった子どもの魅力（術）に養育者が振り回されることもあるため，乳幼児の親子関係を一概に上下関係と断定してしまうのは間違っているかもしれないが，一般的にこういった親子の関係は子どもが大人になるまで続くわけではない。子どもの成長にともない，子どもも親も互いを「一個人」として認識するようになり，親子は対等な関係を築くようになるのである。そして，親と子の関係がそれまでと異なる関係へと変化し始めるのは，青年期だといわれている。
　母子関係での互いの働きかけを「（自然）観察すること」でとらえようとした川上ほか（Kawakami et al., 1994）の研究は，後述するように質問紙を用いて対象者本人に回答を求めることで母子関係をとらえようとすることの多い青年期を研究対象とする筆者にとっては興味深い点が多かった。また，同じ時期に年齢の異なる対象者に調査を行って年齢間での違いを検討していく横断的研究ではなく，同じ対象者に対して一定期間に何度か調査を行い発達の連続性や安定性を検討していく「縦断的研究」を用いたことで，母親と子どもの行動や母子関係を発達差という視点ではなく，「変化」という視点でとらえることがで

き，母子関係の発達を理解する中で縦断的研究の重要性を示したと考えられる。

以下では，青年期の子どもと親の関係（とくに母子関係）に関する心理学の知見を概観すると同時に，観察法を用いて青年期の親子関係をどのようにとらえられるのか，その結果どのようなことがわかるのかについてまとめていきたい。

第2節　青年期の課題からみえてくる青年期の親子関係の変化

そもそも青年期とは，発達の中でどのような時期にあたるのだろうか。たとえば，白井（2006）は，「性の芽生え」と「自律欲求の高まり」が青年期の始まりであり，親をひとりの大人として見られるようになると同時に，自分の生活や人生に責任をもとうとするようになること，すなわち「親からの自立」を青年期の終わりとした。青年期は子どもから大人になるうえでの重要な移行期であり，その過程において「親からの自立」という重要な課題を解決しなければならないのである。

青年期において「じりつ」は大事な意味をもつため，ここで「自律」と「自立」の違いを定義づけておきたい。英単語で表すと自律（autonomy）と自立（independence）はまったく違う言葉であるため，異なる意味だと認識できるが，日本語では「じりつ」と同音であるため混同してとらえられがちである。辞典（新明解国語辞典　第五版）でそれぞれの言葉を調べると，自律は「自分で決めた規則に従うこと。」，自立は「他の経済的・精神的支配を受けず，自分の力で物事をやってゆくこと。独立。」と記されている。以上の点を踏まえると，親子関係においては，自律は「親の決めた規則ではなく，自分で決めた規則をもとに自身の行動をコントロールすること」であり，自立は「自分らしい人生の見通しをたて，自身の力で切り開いていくこと」ととらえることができる。自立をする前段階として自律が必要であり，自立の方がより包括的な意味をもっており，一般には両方の意味を合わせて「自立」とするため，本章においても「自立」という言葉を用いることとする。

歴史的に見ても，青年期において親からの自立は注目されてきた。ブロス（Blos, 1967）は，青年期を親から精神的に離れ，自立した個を確立していく

「第二の個体化の過程」だと述べ，青年期の自己発達に親からの分離は不可欠だとした。エリクソン（Erikson, 1968）も自身が提唱した「心理・社会的発達理論」の中で，青年期以前は親の考えをまねして解決していたことも青年期では自分自身の力で考えたり，行動したりできるようになり，「自分は何者か」「自分は今後どのような方向にすすんでいきたいのか」といった問いへの答えをみつけることができるとし，自己の確立と親子関係の関連を示している。またホリングワース（Hollingworth, 1928）は，それまでのように親に依存するのではなく，一人前の人間として自我を確立しようとする親からの自立の過程を「心理的離乳」という言葉をつかって表現している。そして心理的離乳は，第二反抗期とも言われ，子どもは親と自分の考えの違いに葛藤したり，反発したりと精神的に不安定になりやすいととらえられている。

　青年期の課題が親からの自立とされていることからもわかるように，青年期はそれまで築いてきた親子関係を再構築しなければいけない変化の時期といえるだろう。それは子どもにとって今まで絶対的存在であった親像を壊さなければならないことにもつながり，不安をともなうものとなる。また青年期の子どもと向き合う親も，今まで自分（親）の言うことを聞いていた子どもが自己主張をし，コントロールできなくなる状況にどのように対応すればよいのか不安になるのである。青年期は，親と子が相互調整していくことで新たな親子関係へと変化する時期だといえるだろう。

第3節　青年期の親子関係の変化をどうとらえるか

　前節では，青年期の課題である親からの自立にともなって青年期の親子関係は変化していくことを述べたが，これまでその変化の過程は大きく3つの立場に分かれ，議論がされてきた（久世・平石，1992）。第1の立場は青年期危機説を中心に考えられる「分離や葛藤を強調する立場」，第2の立場は青年期平穏説を中心に考えられる「愛着や親密性を強調する立場」，そして，最後は2つの立場を統合して考えようとする「分離と結合を統合的にとらえる立場」である。

　「分離や葛藤を強調する立場」は，青年期はこれまでの親と子の関係を断つ

ことで新たな関係が構築されると考える立場である。そして，分離の過程において，親と子の間に葛藤が生じることから，青年期の親子関係を不安定なものととらえている。先述したブロスやホリングワースの考えはこの立場であると考えられる。

「分離や葛藤を強調する立場」と対照的な立場をとるのが，「愛着や親密性を強調する立場」である。この立場は，青年と親との愛着や親密性，依存性の重要性を主張し，これまで築いていた関係を持続しながら親子関係を再構築すると考えており，親子関係を安定的にとらえている。たとえば，西平（1990）は青年期前期に生じる親否定の時期は，青年と親とを完全に断ち切り，精神的独立を成立させるのではなく，親との絆を再び結びながらアイデンティティ確立へ向かわせるとした。心理的離乳を脱衛星化（desatellization）として理論化したオーズベル（Ausubel, 1954）も「再依存を通しての独立の獲得」という表現を用い，親からの独立（自立）における依存の重要性を述べている。とくに女子に関しては，親や他者との関係性の確立に優れているため，自立と依存は共存しているという結果（福島，1992）や，依存性と自己の独立性がともに増加したという結果から親への依存が必ずしも親からの独立への障害にならないという結果（加藤・高木，1980）もあり，女子の自立には親子関係の親密性が悪影響をあたえないとも考えられる。

以上で述べた2つの立場を統合するのが1980年代から顕著となった「分離と結合を統合的にとらえる立場」である。この立場は，さらに「分離と結合を年齢変数と関連づけて区別しようとする立場」と，「分離と結合は同時に存在し機能的に相互作用していると考える立場」の2つに分けて議論がなされてきた。前者の立場としては，ピップほか（Pipp et al., 1985）の研究が例として挙げられる。彼らは，大学生を対象に，2つの円（自分の円と親の円）を描いてもらうことで，5つの年齢段階（1-5歳，6-10歳，11-15歳，16-20歳，現在）における親子関係を大学生がどのように認識しているかをとらえようとした。そこからわかった典型的な例を，ピップらは以下のようにまとめている。すなわち，1-5歳の子どもと親は強く結びつき，子どもは親に包みこまれて守られているが，6-15歳の間にその結びつきは弱まり，16-20歳では2つの円の距離が大きくなることで葛藤や反抗が強調されるが，その後（現在）再び親と子は結び

つき，親密な関係が復活するとした。また，落合・佐藤（1996）も中学生から大学院生までを対象にホリングワースの提唱した「心理的離乳」の過程について研究する中で，親子関係は親が子どもを守る関係から子どもを頼りにする関係に変化していくと考えた。さらに，中学生と大学生の親子関係は大きく異なり，高校生から大学生の間で親子関係のあり方に大きな転換が生じているとした。ピップらの手法を用いて，子どもだけでなく母親も対象に親子双方から親子関係をとらえようとした筆者の研究（久保田，2009b）においても，子どもと母親の双方でピップらと同様の結果が示されたことから，親子関係の変化は子どもだけでなく母親も認識していることがわかっている。以上で述べた研究結果は，「青年期前期においては親子の分離が強調されるが，その分離は続くわけではなく，青年期後期において新たな結びつきが再構成され安定した関係となる」という点で一致した見解を示している。すなわち青年期における親子の分離と結合の発生を区別し，親子関係は分離と結合の順に変化していくものだととらえているのである。

　その一方で，「分離と結合の相互性を強調する立場」としてはグローテヴァントとクーパー，コンドンの研究が例としてあげられる（Cooper et al., 1982；Grotevant & Cooper, 1985, 1986）。彼らは，それまで個人内で生じる心理的現象として焦点があてられていた「個体化（individuation）」を家族成員間の「関係の質」の視点から再概念化しようとした。その際，「独自性（individuality）」と「結合性（connectedness）」という概念を用いて親子関係のあり方をとらえようとした。「独自性」は，自分自身の意見に責任をもち，それを伝えることで他者と自分とを区別する能力で，情緒的成熟の指標として用いた。「結合性」は，他者の意見に対する同意や受容，他者への配慮，敬意を示す能力で，家族における健康性の指標として用いた。そして，青年期の親子関係において分離（独自性）と結合（結合性）はいつでも同時に存在し，発達段階によって2つの概念の占める割合が異なると結論づけ，分離と結合の相互性を強調した。

　これまで述べた3つの立場を対比してみると，「青年期を迎えた子どもは親から自立する」という共通の認識はあるものの，自立の過程のとらえ方に違いがあるといえるだろう。第1の「分離や葛藤を強調する立場」はそれまでの親子関係とはまったく異なる関係を築くことで自立していくととらえ，第2の

「愛着や親密性を強調する立場」はこれまでの関係を持続しながら自立していくととらえている。そして，第3の「分離と結合を統合的にとらえる立場」は親から離れる関係をもってみたり，親と親密的な関係をもってみたりとさまざまな関係をもちながら自立していくととらえているのである。

第4節　青年期を迎えた子どもとその母親との関係
　　　　——娘と母親の結びつきの強さ

　1986年より男女雇用機会均等法が施行され，社会としては働く女性の増加を目指しているものの，日本においては女性が家庭内の仕事の大半を担う風潮が現在も続いていると考える。その背景には，父親が家庭に居る時間が短く，家族生活のために費やしている時間やエネルギーが少ないために，母親の存在が家庭の中で際立ってしまうということがある（柏木・平山，2009a）。2010年の流行語に「イクメン」という言葉が選ばれ，男性の育児参加も注目されるようになってきたが，そもそも「イクメン」という言葉が流行語になるということはまだまだ女性が育児をすることが当たり前で「育児は男性の仕事ではない」という認識が日本社会に暗黙のうちに存在しており，育児をする男性の特殊性を際立たせているともとらえることができる。

　青年期においても母子関係における結びつきや母子関係と学校適応，子どもの問題行動との関連や発達段階による母子関係の変化が研究されており，それらのどの研究結果においても母親の存在の重要性がうかがえる。しかしその結果をみてみると，男子青年よりも女子青年の方が母親の影響を強く受け，母親との結びつきが強いことを示した結果が多く，男子青年と女子青年では母親との結びつきの強さに温度差があるように感じる。たとえば，斎藤（1996）は，男子青年は年齢とともに母親の注意をきくことや母親への相談が一貫して減少する一方で，女子青年は，中学3年生から高校1年生にかけて男子青年と同様の傾向を示すが，高校2年生になると再び母親の注意をきき，相談するようになることを示している。親との会話に関して質問紙調査をした筆者のデータ（久保田，2009b）においても，最も話しやすい相手を母親と選択した女子高校生，女子大学生が全体の65%を占めていた。また渡邊（1997）は，青年期の子

どもに対して両親への情緒的依存や絆意識を調査し，娘は中学生から大学生まで一貫して母親と情緒的で親密な関係を意識していることや，息子よりも母親への依存や絆意識が強いことを明らかにしている。その他にも，不登校傾向と分離不安の関連が母娘関係のみにみられることや（五十嵐・萩原，2004），母親が抱く娘への期待や感情は息子に対してより高いことが明らかになっている（高木・柏木，2000）。

　日本だけでなく，諸外国においても母娘関係に焦点をあてた研究はみられる。ステインバーグ（Steinberg, 1987）は，第二次性徴が母娘関係の親密さの減少，葛藤の増加，自立の増加を促すという結果を示している。また，母親の厳しいしつけが，女子の発育（初潮）を速める要因となることも示唆されている（Belsky et al., 2007）。ヤオとスメタナ（Yau & Smetana, 1996）も，中国において母親に対する葛藤は娘においてのみみられたことを示した。そのほかにも女子の方が男子よりも母親への愛着が強いこと（Paterson et al., 1994）や，母親への思いやりに関する報告が多いこと（Shanahan et al., 2007）も明らかとなっており，日本同様に母親と娘の絆の強さがよみとれる。

　ひきこもりや摂食障害などの臨床事例においても，母娘関係が父娘関係や母息子関係，父息子関係とは異なり，密接になり過ぎるがゆえに際立って特異であるという見解や（斎藤，2008），一見仲の良い母娘関係が危険であるとする意見もあり（中村，1994；高石，1997），母娘関係の重要性を理解することができる。臨床事例において，母親との仲が良く幸せそうに見えても，娘は母親との関係に息苦しさを感じ心身に問題が生じたり，母親に喜ばれるようなふるまいをしようと意気込むあまり，気がつくと自分自身の人生を生きている実感が得られなくなったり，母親抜きで自分だけが恋愛・結婚をして幸せになることへの罪悪感を抱いてしまったりと，娘が母親から自由になれなくなるケースが多々存在するのである。村重ほか（2006）は，娘との強い一体化を願って娘を支配下におこうとする母親と自立しようとする娘との間に生じる葛藤について事例研究を行い，母親の娘への強い思いが葛藤の原因になったと結論づけている。そして葛藤が生じる背景には，「母親像の変化」が影響しているとした。女性の自立と平等への保障がまだ十分でない日本の状況において，献身的に子どもに無償の愛を注ぐ存在としての従来の日本的母親像から一個人として子ど

もと対等な関係をもつことを理想とする友達的な母親像への変化は，母親が同性である娘に対し過度の同一視や期待を求めることにつながり，自立を求める娘との間に葛藤を生じさせたと村重らは考察したのである。その他にも，母親と娘の過度な密着に関しては「一卵性母娘（母親と娘が服の貸し借りをしたり恋愛相談をするといったように年齢の近い友達か双子のような関係になってしまうこと）」という言葉が出現し，問題視されており（信田，1997），発達的視点だけでなく臨床的視点においても母親と娘の結びつきの強さがうかがえる。

第5節　青年期の親子関係を理解するための方法

青年期の親子関係を理解するための方法としてよく使用されるのは質問紙法である。質問紙法は，研究対象者が質問文に対して，いくつかの選択肢から一番あてはまるものを選択し，回答していく方法である。同時に多くの人に実施することができるため，短時間に大量の回答（データ）を収集することができる。しかし，研究対象者の言語能力（文章を読み，理解する力）や自己評価能力が重要となる点や研究対象者自身の意識するレベルのことしか知りえないといった欠点もある。とくに読み書きのできない乳幼児には質問紙法は使用できないため（養育者に質問紙を通して乳幼児の様子を回答してもらうことはあるが），乳幼児の親子研究では観察法を用いた研究が行われることが多い。観察法には，対象者にできるだけ自由に行動させて自然な状態での行動を観察する「自然的観察法」と研究目的に合わせた条件のもと統制された環境の中で行動を観察する「実験的観察法」がある。どちらの観察法も短時間に大量のデータを得ることは難しいが，親子研究においては親と子の双方の視点から包括的に関係をとらえることができる方法といえるだろう。

これまでの青年期の親子関係の研究では，観察法による研究もいくつかみられるが（Gjerde, 1986；Grotevant & Cooper, 1985；平石，2000a, 2000b, 2003, 2007；Tenenbaum & Leaper, 2003），質問紙法による研究が中心となっている現状がある。筆者（久保田，2005）は，「会話」に関する質問紙法を用いて普段の親子の様子（親子関係）をとらえようとしたが，親子関係の中でもとくに「会話」に焦点を当てる場合，質問紙法のみで親子関係をとらえることには限界があると

感じた。

　では，青年期の親子関係は観察法によってどのようにとらえることができるのだろうか。筆者は，親子の交流を観察し，第三者が客観的に親子の交流をとらえることで，質問紙法により得られる対象者自身が認識する親子関係とは異なる視点から検討することが可能になると考え，青年期の娘と母親に対して実験的観察法を行ってみた（久保田，2009a, 2014）。先述したように，青年期においては他の関係よりも娘と母親の絆の強いことが明らかになっていることから，対象者を娘と母親のみにした。

　中学生の娘と母親21組と大学生の娘と母親20組を対象に，「算数課題」と「ミラー課題」に15分ずつ取り組んでもらう実験的観察法を行った。「算数課題」では論理的思考や論理的な議論が必要な場面での親子の様子を観察するために暗号解読などをしてもらい，「ミラー課題」では何かを作る作業場面での親子の交流をとらえるためにミラーにストーンを貼ってデザインしてもらった。実験的観察法は観察状況が非日常的になりがちであるため，観察をする際は観察状況をなるべく日常に近い形にするように努めることが求められる。2つの課題は，母親と娘のどちらか一方が能力において優れる内容ではなく，平等に発言権をもてるものであり，意見の決定に際して子どもも参加できるようなものにした。また15分という短い時間ではあるが，普段の様子が出せるよう，娘と母親が取り組むことに抵抗の少ない課題を考えた。そして，青年期前期（中学生）と青年期後期（大学生）の娘と母親の交流の違いから親子関係の違いをとらえようとした。

　青年期の区分はさまざまな研究者が行っているが，この研究では鈴木（1997）の区分を用いることとした。鈴木は，青年期を第二次性徴発現の時期（11-13歳）から性成熟（18-20歳）までの「生理的成熟」と自律欲求の生じる時期（14-15歳）から社会に出て落ち着く（24-25歳）までの「心理的成熟」の2つに分割し，2つの成熟にはズレがあると仮定した。そして2つの基準を合わせてみることにより，青年期前期を中学生期，青年期中期を高校生期，青年期後期を大学生期・勤労青年期にほぼ重ねることができるとした。

　同じ課題に取り組む母娘の様子を観察した結果，青年期前期（中学生）の娘は母親の意見を聞かずに黙々と作業をすすめたり，母親が作ったものを崩した

「ミラー課題」の材料

りする一方で，自分のできないことを母親に頼む行動が多かった。青年期前期（中学生）の母親は子どもをコントロールしながらも子どもに意見を聞きながら作業を進めたり，子どもが作業しやすいように手助けしたり，見守る姿勢がみられ，娘と母親の行動には明らかな違いがみられた。その一方で，青年期後期（大学生）の娘と母親の行動には大きな違いはみられず，互いの意見を尊重しながら対等な立場で課題に取り組んでいる様子がうかがえた。

上述した結果は横断的研究（横断的データ）によるものであるため，このデータのみで母子関係の発達や変化を検討することは不十分といえる。したがって，この研究においても1回目の調査協力者である中学生と大学生の娘と母親に2年後同じ内容の課題をしてもらい，横断的データでみられた交流の違いが変化として示されるのかを検討した。その結果，娘は青年期前期（中学生）から青年期中期（高校生）の間に多くの変化を示し，青年期後期（大学生）における変化は少なかった一方で，母親は娘が青年期前期（中学生）の間はあまり変化しなかったが，青年期中期（高校生）を迎えるころから変化を示すことがわかった。この結果は，青年期を迎えた娘がまず先に変化し，それに応じるように母親も変化していくというように，青年期の娘と母親の間で変化を開始する際に「タイミングのズレ」が生じているともとらえることができるだろう。

第6節　青年期の親子関係をどのようにとらえていくべきか

1　母親への視点の重要性

　第5節で紹介した筆者の研究において，大学生の娘と母親が対等な関係で課題を遂行する一方で，中学生の娘と母親は母親が親として子を援助する側にまわり，子ども中心に課題を進めていくという関係の違いが示され，母娘間での役割の変化が推測できた。とくに，母親の役割が援助的なものから対等な立場へと変化しているという結果は，これまでの青年期の親子関係の研究であまり取り上げられることのなかった母親側の機能変化を一部示唆した点で意義のあるものであったと同時に，青年期の親子関係において子どもだけでなく，中年期を迎えた母親にも注目することの重要性も示唆しているといえるだろう。

　青年期と同様に，中年期の範囲もさまざまな区分がされてきたため，その範囲を明確にすることは難しいが，どの区分においても心理学的成熟性や社会学的な行動を重視している点は共通している。それらを統合的にとらえると，中年期はほぼ30代後半から60歳ごろまでと考えられる（岡本，1995）。

　青年期の娘をもつ中年期の母親は，青年期を迎え，就職，結婚といった独立の時期にある子どもと，老年期を迎えた親の両世代に対して（親子）関係の変化を経験する。「親孝行したいと思ったときには親はなし」と言っていた時代と比較すると，日本人の平均寿命が延びたことで老いた親の介護の問題に直面せざるをえない状況に陥っている中年期の人も増えてきている。そして，この難題に直面しているのは多くの場合が中年期を迎えた女性である。柏木・平山（2009b）は，男性要介護者を介護する人の約9割，女性要介護者を介護する人の約7割が女性であるという結果から，介護場面に女性が多くかかわっているという状況を示している。大久保・杉山（2000）は，女性50名に対し回想法によるライフコース調査を行い，長期にわたる介護が介護者の人生を空洞化させる危険性を指摘している。夫の母親と自身の両親をみとった女性の発言からは，親に幸せな最期を迎えさせてあげたいと介護を行ったが，人生の一番いい時期を終わりの見えない介護という重労働に傾けざるをえなかった無念が読みとれる。また，春日（2000）は，賞賛が得られる男性と異なり，女性はどんなに一

生懸命介護をしても，当たり前とされ，それがいかに女性を追い詰めているか考える必要性を述べている。海外の研究においても，イギリスでは高齢の母親の健康状態や中年期の子どもへのケアやサポートの要求が親子の住居の近さに影響することが明らかになっていたり（Glaser & Tomassini, 2000），女性のアイデンティティに関して母性重視が高齢の母親と中年期の女性のウェルビーイングを低下させることが示されている（Koropeckyj-Cox, 2002）。中年期を迎えた女性は，介護まではいかなくとも，自身の親や夫の親の世話をしなければならない状況にあり，それが負担となっている場合も少なくないのである。

　さらに，それまで深いつながりをもっていた子どもが青年期を迎えて独立していく状況は，母親役割を除いた自分の人生を考える心理的変化をもたらし，やがて他の社会的役割を模索するなど自己投入先を転換していくきっかけをつくる（清水，2004）。こういった子の巣立ち，とくにそれまで生活をともにしていた子どもが全員家を離れることで母親が喪失感や抑うつ感をともなう深刻な危機に陥る状況は，「空の巣症候群（empty nest syndrome）」と呼ばれている。「空の巣症候群」の問題について研究がはじめられたころは，精神科の患者を対象としていたため，親役割からの解放は母親にとって心理的な負担となることが中心に議論がなされていた。しかし，一般の母親に対象が広げられると，そういった問題に対する疑問視が生じると同時に，肯定的なつながりの報告がなされるようになった。アイデンティティの関連から子の巣立ちを検討する試みもなされており，アントヌッチほか（Antonucci et al., 2001）は，母親という役割がいかに重要なものであるかといった個人のアイデンティティの基盤により空の巣への反応が異なるとしている。子の巣立ちと母親のアイデンティティとの関連について検討した清水（2004）の研究からは，母親にとって子の巣立ちはアイデンティティ発達に肯定的転機をもたらすことが明らかとなった。とくに，女子に対しては自分との相違や類似を確認しやすく，娘の巣立ちに関して，現在の娘の状態とその年頃の自分自身の想起とを照らし合わせながら娘の成長を認めようとする体験が語られることも示されている（清水，2001）。

　筆者の研究からも青年期の娘と母親の関係は，娘に変化をもたらすだけでなく，母親自身にも変化をもたらすことが示唆されていることから，青年期の親子関係をとらえるうえで青年だけでなく，子どもと母親の双方の視点からとら

えることが重要だと考える。

2　観察法を用いた研究の重要性

　これまでの日本における青年期の親子関係の研究は，家族療法といった臨床心理学的研究を除いて質問紙法を用いた自己報告によるものがほとんどであったが（平石，2007），それだけでは親子関係をとらえるうえで限界が生じてくるのも事実である。そうした現状を打破するために，筆者は母娘の交流を観察法を用いてとらえ，青年期前期と後期の母娘関係の違いを見出すことができた。筆者が大学の授業でこの研究結果を踏まえて青年期の親子関係の話をすると受講生からは「私だけが思春期に親に反発したわけではないことがわかって安心した」というコメントが見られる反面，「私は親に反抗せずにここまできてしまったが，大丈夫なのか」というコメントも出てくる。青年期は親から自立することが重要な課題であるという認識は一般的にあるが，青年期の子ども本人もその親も，どのように子どもが親から自立していくのか，その過程までは理解していないように感じる。もしかしたら「青年期の親子関係は自立に向けて子どもが親に反抗しなければいけない」という考えが独り歩きをしてしまい，反抗せずに良好な関係を続けている青年は自分が人とは違うと不安を覚えてしまうのかもしれない。筆者は，親子関係はいくつかのパターンを示しながら自立にむかって変化していくと考えている。だからこそ，そのパターンをとらえるため，これからも青年期を迎えた子どもが親からどのように自立していくのか，その変化の過程を研究していきたいと考える。その際に重要になってくるのが，川上ほか（Kawakami et al., 1994）の研究で示されている縦断的な視点となるだろう。

　さらに，筆者は今後も「青年期の親子関係」の中でも「母娘関係」に焦点をあてて研究を続けていきたいと考えている。その背景には，青年期の親子関係を検討する際，親の性（父親か母親か）や子どもの性（息子か娘か）を分けずに検討した研究が多いことに加え，青年期における母子関係の研究を概観すると（第4節）男子青年よりも女子青年の方が母親の影響を強く受け，母親との結びつきが強いという結果が多いことが理由としてあげられる。そして，母娘の結びつき（絆）が強く一見すると仲が良く幸せそうに見える母娘でも，娘と良

い関係が築けていると母親が思っている一方で，娘は母親に息苦しさを感じていたり（信田，2008），カウンセリングの場面では娘を思う母親とそれが重荷になっている娘がいたりと（内田，2018），母娘関係には「考え方のズレ」が生じやすいのである（信田，2008；内田，2018）。こういった母娘の間で生じる「考え方のズレ」は，筆者の研究から示された青年期における親子関係の変化開始の「タイミングのズレ」から徐々に生じてくるのかもしれない。また，青年期の母娘関係で生じる「考え方のズレ」は大なり小なりどの母娘にもあるものであるが，その「ズレ」に気づけるか気づけないかで青年期の娘と母親の関係が対等なものとして発展していくのか，青年期以前の関係を変えられずいびつな形で維持され続けてしまうのかが決まってしまうように思う。そして「考え方のズレ」に気づくためには相手の様子をきちんと理解する姿勢が必要となってくるだろう。

　小さい子どもが親の顔色をうかがうということがあるが，筆者は，娘が青年期前期（思春期）に突入すると，子どもである娘よりも母親の方が娘の顔色をうかがうことが増えるようになると考える。母親はそれまでコントロールできていた娘が青年期に入り反抗的になったり，無反応になったりとそれまでとは異なる反応を示すようになることで，何とか娘を理解しようとするのではないだろうか。そして，娘の変化を理解する過程で母親は娘が児童期までに築いた自分との関係を変えようとしていることに気づくことができるのではないか。関係を変えようとしている娘の気持ちに一度気づくことができれば，母親自身も自分の立場を変えることができるため，娘が青年期後期になるころには，両者が互いの様子を気遣えるような対等な立場に変わることができると考える。以上のように，娘が小さいうちは，「娘」が「母親」の様子をうかがうことで，そこから他者とのかかわりを学んでいるが，娘が青年期前期（思春期）に入ると「母親」が「娘」の様子をうかがうことで，母親は娘が自分と対等な立場の人間になろうとしていることに気づき，娘とのかかわりを学んでいくように思う。

　しかし，母娘関係がこじれてしまうと，当人たちがそれに気づくことは難しい。母親は娘のためだと信じているし，娘も母親は自分のためにしてくれているのだから感謝しなければならないと感じ，母親の存在がつらいという思いを

ため込んでしまうためである（信田, 2008）。そのようなときは, 第三者が母娘間で生じるこじれを当人たちに指摘する必要が出てくるだろう。そこで重要になってくるのが, 青年期の娘と母親の間で生じる「ズレ」だと筆者は考える。では第三者が青年期の娘と母親の間で生じる「ズレ」に気づくにはどうしたらよいのだろうか。筆者は「表情」に注目して青年期における母娘関係の観察を深めることで, 両者の「ズレ」を理解できるのではないかと考える。ヒトは他の動物とは異なり, さまざまな表情を表出する。たとえば,「笑い」という表情について考えてみても, 限定的な場面でしか笑わないチンパンジーとは異なり, ヒトはさまざまな場面で笑う動物であることが明らかとなっている（川上ほか, 2015）。

表情を用いて青年期における母娘関係で生じる「ズレ」を考えてみると, 青年期前期である中学生の娘と母親においては母親が娘に笑いかけることが多く, 青年期後期である大学生の娘と母親は両者が笑い合うことの方が多いことが予想される。母親と娘の二者の間で表れる「表情」に対してある一定の指標が確立されれば, 先述したような青年期における母娘関係の臨床問題に対しても, 心理学を深く学んでいない介入者がその関係を客観的に検討するきっかけを提供できるかもしれない。

引用文献

Antonucci, T. C., Akiyama, H., & Merline, A. (2001). Dynamics of social relationship in midlife. In M. E. Lachman (Ed.), *Handbook of midlife development*. Hoboken, NJ: John Wiley & Sons.

Ausubel, D. P. (1954). *Theory and problems of adolescent development*. New York: Grune & Stratton.

Belsky, J., Steinberg, L. D., Houts, R. M., Friedman, S. L., DeHart, G., Cauffman, E., et al. (2007). Family rearing antecedents of pubertal timing. *Child Development*, **78**, 1302-1321.

Blos, P. (1967). The second individuation process of adolescence. *The Psychoanalytic Study of the Child*, **22**, 162-186.

Cooper, C. R., Grotevant, H. D., & Condon, S. M. (1982). Methodological challenges of selectivity in family interaction: Assessing temporal patterns of individuation. *Journal of Marriage and the Family*, **44**, 749-754.

Erikson, E. H. (1968). *Identity: Youth and crisis*. New York: W. W. Norton.

福島朋子. (1992). 思春期から成人にわたる心理的自立：自立尺度の作成及び性差の検討. *発達研究*, **8**, 67-87.

Gjerde, P. F. (1986). The interpersonal structure of family interaction settings: Parent-

adolescent relations in dyads and triads. *Developmental Psychology*, **22**, 297-304.
Glaser, K., & Tomassini, C. (2000). Proximity of older women to their children: A comparison of Britain and Italy. *The Gerontologist*, **40**, 729-737.
Grotevant, H. D., & Cooper, C. R. (1985). Patterns of interaction in family relationships and the development of identity exploration in adolescence. *Child Development*, **56**, 415-428.
Grotevant, H. D., & Cooper, C. R. (1986). Individuation in family relationships: A perspective on individual differences in the development of identity and role-taking skill in adolescence. *Human Development*, **29**, 82-100.
平石賢二. (2000a). 青年期後期の親子間コミュニケーションと対人意識, アイデンティティとの関連. 家族心理学研究, **14**, 41-59.
平石賢二. (2000b). 青年期後期の親子間コミュニケーションの類型に関する事例研究. 名古屋大学大学院教育発達科学研究科紀要（心理発達科学）, **47**, 281-299.
平石賢二. (2003). 青年期の親子間コミュニケーションに関する研究：個性化モデルの視点から. 名古屋大学博士学位論文.
平石賢二. (2007). *青年期の親子間コミュニケーション*. 京都：ナカニシヤ出版.
Hollingworth, L. (1928). *The psychology of the adolescent*. New York: Appleton.
五十嵐哲也・萩原久子. (2004). 中学生の不登校傾向と幼少期の父親および母親への愛着との関連. 教育心理学研究, **52**, 264-276.
柏木惠子・平山順子. (2009a). 育児期家族にとっての夫・父親. 柏木惠子・大野祥子・平山順子（著）, 家族心理学への招待：今, 日本の家族は？家族の未来は？（第2版, pp.118-125）. 京都：ミネルヴァ書房.
柏木惠子・平山順子. (2009b). 老年期の親と中年期の子ども. 柏木惠子・大野祥子・平山順子（著）, 家族心理学への招待：今, 日本の家族は？家族の未来は？（第2版, pp.171-176）. 京都：ミネルヴァ書房.
加藤隆勝・高木秀明. (1980). 青年期における独立意識の発達と自己概念との関係. 教育心理学研究, **28**, 336-340.
春日キスヨ. (2000). *家族の条件：豊かさのなかの孤独*. 東京：岩波書店（岩波現代文庫）.
川上文人・林　美里・友永雅己. (2015). ちびっこチンパンジーと仲間たち：チンパンジーに学ぶヒトの笑顔の意味. 科学, **85**, 606-607.
Kawakami, K., Takai-Kawakami, K., & Kanaya, Y. (1994). A longitudinal study of Japanese and American mother-infant interactions. *Psychologia*, **37**, 18-29.
Koropeckyj-Cox, T. (2002). Beyond parental status: Psychological well-being in middle and old age. *Journal of Marriage and Family*, **64**, 957-971.
久保田桂子. (2005). 女子中学生・高校生が報告する親との会話：発達の差と親への態度. 臨床発達心理学研究, **4**, 23-31.
久保田桂子. (2009a). 青年期の母娘関係の発達差：会話分析による青年期前期と後期の交流の比較. 心理学研究, **79**, 530-535.
久保田桂子. (2009b). 青年期前期と青年期後期における母娘の交流の観察と Circle Drawing の関連. 人間環境学研究, **7**, 17-24.
久保田桂子. (2014). 協同作業課題場面における青年期前期と後期の娘と母親の行動：横断的データと縦断的データを用いた検討. 子育て研究, **4**, 65-74.
久世敏雄・平石賢二. (1992). 青年期の親子関係研究の展望. 名古屋大学教育学部紀要, **39**, 77-88.
村重勝也・上地安昭・松本　剛. (2006). 娘離れをテーマとする母親との時間制限カウンセリ

ング事例. 生徒指導研究, 18, 32-41.
信田さよ子. (1997). 一卵性母娘な関係. 東京：主婦の友社.
信田さよ子. (2008). 母が重くてたまらない：墓守娘の嘆き. 東京：春秋社.
中村延江. (1994). 愛しすぎる悩み，愛されない不安：母と娘の心理学. 東京：廣済堂出版.
西平直喜. (1990). 成人になること：生育史心理学から. 東京：東京大学出版会.
岡本祐子. (1995). 人生半ばを超える心理. 南　博文・やまだようこ（編），講座 生涯発達心理学：第5巻 老いることの意味：中年・老年期（pp.41-80）. 東京：金子書房.
大久保孝治・杉山圭子. (2000). サンドイッチ世代の困難. 藤崎宏子（編），親と子：交錯するライフコース（pp.211-233）. 京都：ミネルヴァ書房.
落合良行・佐藤有耕. (1996). 親子関係の変化からみた心理的離乳への過程の分析. 教育心理学研究, 44, 11-22.
Paterson, J. E., Field, J., & Pryor, J. (1994). Adolescents' perceptions of their attachment relationships with their mothers, fathers and friends. *Journal of Youth and Adolescence*, 23, 579-600.
Pipp, S., Shaver, P., Jennings, S., Lamborn, S., & Fischer, K. W. (1985). Adolescents' theories about the development of their relationships with parents. *Journal of Personality and Social Psychology*, 48, 991-1001.
斎藤誠一（編）. (1996). 人間関係の発達心理学：4 青年期の人間関係. 東京：培風館.
斎藤　環. (2008). 母は娘の人生を支配する：なぜ「母殺し」は難しいのか. 東京：日本放送出版協会.
Shanahan, L., McHale, S. M., Crouter, A. C., & Osgood, D. W. (2007). Warmth with mothers and fathers from middle childhood to late adolescence: Within- and between-families comparisons. *Developmental Psychology*, 43, 551-563.
清水紀子. (2001). 「しなやかなアイデンティティ」定義に向けての試論：「語り」による，子の巣立ちの体験から. 金城学院大学大学院人間生活学研究科論集, 1, 19-35.
清水紀子. (2004). 中年期の女性における子の巣立ちとアイデンティティ. 発達心理学研究, 15, 52-64.
白井利明（編）. (2006). やわらかアカデミズム・＜わかる＞シリーズ よくわかる青年心理学. 京都：ミネルヴァ書房.
Steinberg, L. (1987). Impact of puberty on family relations: Effects of pubertal status and pubertal timing. *Developmental Psychology*, 23, 451-460.
鈴木康平. (1997). 青年期の特質. 鈴木康平・松田　惺（編），現代青年心理学〔新版〕（pp.1-16）. 東京：有斐閣.
高木紀子・柏木惠子. (2000). 母親と娘の関係：夫との関係を中心に. 発達研究, 15, 79-94.
高石浩一. (1997). 母を支える娘たち：ナルシシズムとマゾヒズムの対象支配. 東京：日本評論社.
Tenenbaum, H. R., & Leaper, C. (2003). Parent-child conversations about science: The socialization of gender inequities? *Developmental Psychology*, 39, 34-47.
内田利広. (2018). 母と娘の心理臨床：家族の世代間伝達を超えて. 東京：金子書房.
渡邊惠子. (1997). 青年期から成人期にわたる父母との心理的関係. 母研究, 18, 23-31.
Yau, J., & Smetana, J. G. (1996). Adolescent-parent conflict among Chinese adolescents in Hong Kong. *Child Development*, 67, 1262-1275.

おわりに

　川上清文は修士論文でその後の方向性を決めることになった乳児院の乳児たちと出会い，まったく同じ時期に修士論文を書いていた高井は，児童相談所で反社会的問題を抱えるティーンエイジャーと向き合っていた。前者はその後も一途に乳児を対象とした研究に取り組み，後者は思春期に至る前の子どもたちの心を遡っていくうちに乳児にたどりつき，その後，乳幼児に関する研究についてのほとんどをともに取り組むことになった。

　1970, 80年代の日本の発達心理学（当時は児童心理学といっていた）は，欧米の研究を参考にして，個人およびグループの研究プロジェクトが次々と立ち上がってきた活気のある時代であった。二人は70年代中頃から研究生活に入ったが，当時は日本に発達心理学専門の学会は存在せず，主に日本心理学会，日本教育心理学会などで発表を行っていた。

　研究方法もこの40年間で様変わりした。70年代末に同年代の共同研究者数名と始めた縦断的研究は，生後1カ月目から2年間，毎月1回家庭訪問して乳児と母親を追跡観察するというものであったが，その記録は観察用紙とカセットテープレコーダーによってなされた。高性能なビデオカメラ，パソコン等の機器を手軽に使えるようになった現在からは考えられない状況であろう。

　日本発達心理学会が誕生した翌年の1990年4月から，川上清文はサバティカル・イヤーで単身，米国のマイケル・ルイス（Lewis, M.）博士の研究所で1年間を過ごし，そこでそれまでの研究を180度変える研究方法――唾液中コルチゾルを用いてストレスを測定する――を知ることとなった。帰国後産婦人科の医師たちと始めた研究は，それまで頑なに信じられていた「母性」に科学的メスを入れる一助となったと自負しているが，その知見が社会的認知を得ることの難しさにも直面した。研究自体はその後，新たな共同研究者を得て霊長類も視野に入れ，またそこで副産物的に得られた「自発的微笑」の研究へと発展していった。

一つのことを深く探究し，「……研究」の専門家と自他ともに認められている研究者は多い。この著書の5名の若い研究者たちは，いずれも将来そのような評価を受けるべく，今後もますます研鑽を積んでいくことであろう。

　ところで40年以上にわたるさまざまな研究を通して，一つひとつの研究に関しては，それぞれ明らかにしたいものがあったが，全体を貫くものは何だったのか。研究生活の締めくくりとして，3年ほど前から週に1日，自宅から歩いて15分の保育園で参加観察をさせていただいている。川上清文は毎年0歳児クラスで新たな乳児たちと接し，髙井は初年度2歳児クラスであった子どもたちを追って，最終年度の今年は年長児クラスで，日々個性が際立っていく子どもたちと体力の限界を感じながらかかわっている。記録用の機器は，カセットテープレコーダーならぬICレコーダーのみである。初心に戻り，音声データのみから何を明らかにできるのか，「40年の意味」を自らに問いたいと考えている。

　最後に，これまでたくさんの感動を与えてくれた子どもたちと両親，共同研究者，研究のサポートをしてくださった方々に感謝申し上げるとともに，執筆者7名の文章を細かくチェックしてまとめ上げていただいた新曜社の田中由美子さんに心からの謝意を捧げたい。

髙井清子

索　引

【あ行】
アイコンタクト　12-14, 28, 40, 96
あざむき行動　94
アタッチメント（理論）　86, 91
アテンション仮説　84, 86
甘え　90, 91, 102
　　──泣き　90, 92, 99, 100
アロペアレンティング　21
アロマザリング　21
アントヌッチ，T. C.　123
イザード，C.　83
依存　115
板倉昭二　19
一卵性母娘　119
1歳半という時期　44
伊藤賀永　102
移動笑い　64
いないいないばあ　90
イヌ　13, 14
ウォルフ，P.　54, 58, 60, 90
嘘泣き　90, 94-96, 100, 101
笑顔　60, 63, 66, 71, 74, 77
　　──の進化　77
　　──の多様化　62
　　──の発達　77
　　──の分類　61, 62
エクマン，P.　61, 62, 67
エムデ，R. N.　57
エリクソン，E. H.　114
横断的研究　112
オオカミ　13, 14
大久保孝治　122
オーズベル，D. P.　115
大竹信子　33
落合良行　116
大人に向けられた乳児の泣き　102
大人（保育士）への指さし行動　34-36
親からの自立　113, 114
親子関係の再構築　114

【か行】
柏木惠子　122
春日キスヨ　122
空の巣症候群　123

川上清文　4, 16, 17, 31, 46-48, 55-57, 83, 86, 87, 96, 109, 112, 124
川上文人　51, 56
観察によるアプローチ　24
観察法　87, 90, 113, 119, 120, 124
間主観性　16
寛容さ　15
岸本健　19, 32, 47
9カ月の奇跡　93
競合　16
教示行為　4, 8, 17
共振　33
競争的場面　18
協働（する）　5, 8, 11, 12, 14-18
共同注意　32
協力的な知性　14, 15
クーパー，C. R.　116
口開け表情　70, 71, 76
久保田桂子　116
グルーミング　77
クレーン現象（行動）　27, 28
グローテヴァント，H. D.　116
ケイガン，J.　2
血縁関係　70
行為失敗笑い　64-66
声かけ　42, 43, 47
コーディル，W.　109, 110
心の理論　15
ゴシップ（うわさ話）　17
小嶋謙四郎　109
誤信念課題　15
子ども観の違い　2
子どもたちの対人関係　2
子ども同士の指さし行動　33-36, 44, 45
コミュニケーション　88, 89
コルチゾル　83, 84, 87
近藤裕　102
コンドン，S. M.　116

【さ行】
サーニ，C.　90
斎藤誠一　117
佐藤有耕　116
自己家畜化仮説　14

131

自己認識　44
自然（的）観察（法）　17, 87, 110, 112, 119
視線計測　40
実験的観察法　119, 120
実験的研究　2, 16
実験的なアプローチ（手法）　21, 24
質問紙（法）　112, 119, 120, 124
自発的微笑　51, 52, 54-60, 65, 68, 71, 76, 77
自発的笑い　52, 55
自閉症スペクトラム児　28, 30, 31
志水彰　62
清水紀子　123
社会的絆　103
社会的知性　4
社会的なシグナル　90
社会的発信　89
社会的微笑　58-61, 68, 71, 74, 76
縦断的観察　34
縦断的研究　112
正直シグナル　94
情動コミュニケーション　91, 92
情動発達　90
情報的指さし　32
白井利明　113
自律　113
自立　113
事例研究　87
指令的指さし　32
白目（強膜）　11
進化　13-15
　　──論　70
新生児　88
　　──のストレス反応　86
心理的離乳　114-116
杉山圭子　122
鈴木康平　120
ステインバーグ, L.　118
須永美紀　33
スピッツ, R. A.　55
スメタナ, J. G.　118
生態学的妥当性　15
青年期　113
　　──の親子関係　114, 116, 119, 120, 122, 124
生物学的なシグナル　90
ゼスキント, P. S.　89
前言語期のコミュニケーション（行動）　30, 32, 33, 43
宣言的指さし　32

相利性　8
相利的な動機づけ　12
ソーク, L.　84

【た行】
ダーウィン, チャールズ　70
胎児の笑顔　77
胎児の微笑　57, 58
第二次性徴　118
第二反抗期　114
対乳児発声　102
高井‐川上清子　87
高い高い　73, 74
脱衛星化　115
たぬき寝入り　100
だましのコミュニケーション　101
ダンバー, R.　77
知性の過大評価　22
中年期の母親　122
聴衆効果　89
チンパンジー　5-11, 13-16, 18-21, 70-77
　　──の笑顔　69, 74
　　──の子育て　69, 70
　　──の知性　16, 18, 21
低出生体重児　54, 57, 58
典型発達児　28, 31, 46
伝達の指さし行動　37-39
土居健郎　91
同調笑い　64, 65
動物行動学　89
徃住彰文　63
トマセロ, M.　2, 6, 8, 74, 93
友永雅己　68

【な行】
中山博子　91, 102
泣き　88
　　──声に対する嫌悪感　98, 99
　　──の評定　83, 84
　　──を介したコミュニケーション　88
二項関係　40
西平直喜　115
ニホンザル　51, 76, 84
乳児　88
乳児の泣き　86, 87, 90, 91, 100, 102
　　──に対する反応　92, 93, 97
乳幼児の親子関係　112

【は行】
ハーン, ラフカディオ 66
橋彌和秀 11
歯出し表情 70, 76
秦野悦子 40
母親像の変化 118
母娘関係 118, 124
　　——のズレ 125, 126
母娘間での役割の変化 122
ハンドテイキング行動 27-31, 46
非言語的交流 101
微笑 65, 70
ピップ, S. 115
非伝達的指さし行動 37
ヒトの知性 18
ヒトの定住 13
一人指さし行動 37, 39, 44
表情 126
　　——の表示規則 67
平山順子 122
ファン・ホーフ, ヤン 70, 71
フィールドワーク 4
フランコ, F. 33
フリーセン, W. V. 61
ブリンガー, A. F. 9
ブロス, P. 113, 115
文化差 68
ヘア, B. 15, 16
ヘス, R. D. 68
ベビーシェマ 100
母子関係 110, 112
母子相互作用 101
星三和子 33
ボノボ 14, 69, 73
ホプキンス, B. 87
ホリングワース, L. 114-116
ホワイトノイズ 84

【ま行】
マキャベリ, ニコロ 18
マキャベリアンインテリジェンス 18
松沢哲郎 68
水野友有 71

宮津寿美香 34, 37, 41
ミュラー・リヤー錯視 22
見るという行為 91
村上涼 37
村重勝也 118
目さし 40, 41, 43
　　——期 42, 47
メッシンジャー, D. 55
孟憲巍 10, 11
模倣 36
　　——の指さし行動 35, 36
モルティラーロ, M. 89

【や行】
ヤオ, J. 118
野生のチンパンジー 23
矢内原巧 57, 83, 109
山本真也 18
有能な赤ちゃん 22
指さし 9-11, 14, 29
　　——期 42
　　——行動 30, 32, 43, 47
　　——による教示行為 9
　　——の発達 23
夢 60
愉楽的な笑い 70
養育者の指さし行動 47
4次元超音波診断装置 57

【ら行】
利己的な動機（づけ） 10, 18
利他行動 17, 19
利他性 4, 8, 16, 19, 21
利他的な動機づけ 10
ルイス, マイケル 66, 83, 109, 110
霊長類 12, 18
レディ, V. 101
レム睡眠 59, 71, 76

【わ行】
ワーネケン, フェリックス 6, 8
WEIRD問題 22
渡邊惠子 117

著者略歴（執筆順，【　】内は担当章）

岸本　健（きしもと　たけし）【第1章】
大阪大学人間科学部人間科学科卒業。大阪大学大学院人間科学研究科博士後期課程修了。博士（人間科学）。日本学術振興会特別研究員（PD），聖心女子大学文学部心理学科専任講師を経て，現在，聖心女子大学現代教養学部心理学科准教授。ヒトやチンパンジーにおける乳幼児と養育者との相互作用が，乳幼児の認知発達に与える影響について，観察と実験により研究を進めている。

宮津寿美香（みやつ　すみか）【第2章】
西南女学院大学保健福祉学部福祉学科卒業。日本女子大学大学院人間生活学研究科人間発達学専攻博士課程単位取得満期退学。博士（学術）。日本女子大学学術研究員を経て，現在，長崎大学人文社会科学域（教育学系）助教。保育学，発達心理学を専門とし，指さし行動を中心とした前言語期のコミュニケーション行動について研究している。

川上文人（かわかみ　ふみと）【第3章】
慶應義塾大学文学部人文社会学科心理学専攻卒業。東京工業大学大学院社会理工学研究科価値システム専攻博士課程修了。博士（学術）。現在，中部大学人文学部心理学科専任講師。京都大学霊長類研究所チンパンジー（林原）寄附研究部門特定講師，京都大学野生動物研究センター特任准教授，日本モンキーセンターアドバイザーを兼ねる。発達心理学，比較認知発達科学を専門とし，主に笑顔の進化と発達について研究をおこなっている。

中山博子（なかやま　ひろこ）【第4章】
聖心女子大学文学部教育学科心理学専攻卒業。聖心女子大学大学院文学研究科博士後期課程修了。博士（心理学）。現在，聖心女子大学キリスト教文化研究所研究員。発達心理学を専門とし，乳幼児期における泣きの発達やコミュニケーションについて関心を有している。

久保田桂子（くぼた　けいこ）【第5章】
聖心女子大学文学部教育学科心理学専攻卒業。聖心女子大学大学院文学研究科博士後期課程修了。博士（心理学）。現在，白百合女子大学生涯発達研究教育センター研究員および聖心女子大学キリスト教文化研究所研究員。発達心理学，青年心理学を専門とし，主に青年期における親子関係の変化について，青年期の娘と母親とを対象に研究をおこなっている。

編者略歴

川上清文（かわかみ きよぶみ）【第1章，第4章，第5章の序節担当】
慶應義塾大学文学部社会心理教育学科心理学専攻卒業。同大学院社会学研究科教育学専攻博士課程満期修了。教育学博士。聖心女子大学文学部教授，学部名変更に伴い現代教養学部教授。発達心理学。専門は，乳幼児期の対人関係の発達。
主な著書に『子どもたちは人が好き』2018，東京大学出版会，『発達科学ハンドブック1：発達心理学と隣接領域の理論・方法論』（共著）2013，新曜社 などがある。

髙井清子（たかい きよこ）【第2章，第3章の序節担当】
日本女子大学文学部教育学科卒業。同大学院家政学研究科児童学専攻修士課程修了。博士（医学：昭和大学）。日本女子大学家政学部児童学科教授を経て，現在，日本女子大学名誉教授。発達心理学。専門は，主に乳幼児期の対人関係の発達。
主な著書に『新・発達心理学ハンドブック』（共著）2016，福村出版，『ヒトはなぜほほえむのか』（共著）2012，新曜社 などがある。

対人関係の発達心理学
子どもたちの世界に近づく，とらえる

初版第1刷発行　2019年9月17日

編　者	川上清文・髙井清子
著　者	岸本　健・宮津寿美香・川上文人・中山博子・久保田桂子
発行者	塩浦　暲
発行所	株式会社 新曜社
	〒101-0051 東京都千代田区神田神保町3-9 電話（03）3264-4973・Fax（03）3239-2958 E-mail: info@shin-yo-sha.co.jp https://www.shin-yo-sha.co.jp/
印刷所	亜細亜印刷
製本所	積信堂

©Kiyobumi Kawakami, Kiyoko Takai-Kawakami, Takeshi Kishimoto, Sumika Miyatsu, Fumito Kawakami, Hiroko Nakayama, Keiko Kubota, 2019 Printed in Japan
ISBN978-4-7885-1646-5 C1011

新曜社の本

ヒトはなぜほほえむのか 進化と発達にさぐる微笑の起源	川上清文・高井清子・川上文人	四六判180頁 本体1600円
ヒト，この奇妙な動物 言語，芸術，社会の起源	J-F. ドルティエ 鈴木光太郎 訳	四六判424頁 本体4300円
心の発生と進化 チンパンジー，赤ちゃん，ヒト	D. プレマック & A. プレマック 長谷川寿一 監修　鈴木光太郎 訳	四六判464頁 本体4200円
乳幼児の発達 運動・知覚・認知	J. ヴォークレール 明和政子 監訳　鈴木光太郎 訳	A5判322頁 本体2800円
乳児の対人感覚の発達 心の理論を導くもの	M. レゲァスティ 大藪泰 訳	A5判312頁 本体3400円
やまだようこ著作集 第2巻 ことばのはじまり 意味と表象	やまだようこ	A5判356頁 本体3600円
やまだようこ著作集 第3巻 ものがたりの発生 私のめばえ	やまだようこ	A5判320頁 本体3200円
乳幼児は世界をどう理解しているか 実験で読みとく赤ちゃんと幼児の心	外山紀子・中島伸子	四六判264頁 本体2400円
生活のなかの発達 現場主義の発達心理学	外山紀子・安藤智子・本山方子 編	A5判264頁 本体2200円
「心の理論」テストはほんとうは何を測っているのか？ 子どもが行動シナリオに気づくとき	熊谷高幸	四六判232頁 本体2200円
遊びのリアリティー 事例から読み解く子どもの豊かさと奥深さ	中田基昭 編著 大岩みちの・横井紘子 著	四六判260頁 本体2400円
利他性の人間学 実験社会心理学からの回答	C. D. バトソン 菊池章夫・二宮克美 訳	A5判440頁 本体4600円
アイデンティティ 青年と危機	E. H. エリクソン 中島由恵 訳	四六判464頁 本体3300円
発達心理学・再入門 ブレークスルーを生んだ14の研究	A. M. スレーター & P. C. クイン 編 加藤弘通・川田学・伊藤崇 監訳	A5判292頁 本体2900円
子ども・若者とともに行う研究の倫理 研究・調査にかかわるすべての人のための実践的ガイド	P. オルダーソン & V. モロウ 斉藤こずゑ 訳	A5判240頁 本体2800円

（表示価格は税抜きです）